Themen neu

Lehrwerk für Deutsch als Fremdsprache

Workbook 1

von
Heiko Bock
Karl-Heinz Eisfeld
Hanni Holthaus
Uthild Schütze-Nöhmke

bearbeitet von
Sonja Schanz
Wolfgang Winkler

Max Hueber Verlag

Verlagsredaktion: Werner Bönzli
Layout und Herstellung: Erwin Schmid
Illustrationen: Joachim Schuster, Baldham (Situationszeichnungen)
Ruth Kreuzer, Mainz (Sachzeichnungen)
Umschlagfoto: © Rainer Binder, Bavaria Bildagentur, Gauting
Fotos: Seite 17 alle Fotos Süddeutscher Verlag, Bilderdienst , München
Seite 20 links und Seite 21: Franz Specht, Melusinen-Verlag, München
Seite 20 rechts: Werner Bönzli
Cartoon Seite 153: © The Walt Disney Company, Eschborn

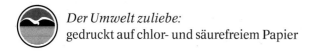

Der Umwelt zuliebe:
gedruckt auf chlor- und säurefreiem Papier

R 4. 3. 2. | Die letzten Ziffern
2002 2001 2000 1999 98 | bezeichnen Zahl und Jahr des Druckes.
Alle Drucke dieser Auflage können, da unverändert,
nebeneinander benutzt werden.
2. Auflage 1997
© 1995 Max Hueber Verlag, D-85737 Ismaning
Gesamtherstellung: Ludwig Auer, GmbH, Donauwörth
Printed in Germany
ISBN 3–19–311521–5

Inhalt

Vocabulary

verbs

arbeiten 13, 14	to work
buchstabieren 10	to spell
fragen 10, 16	to ask
haben 14	to have
heißen 7	to be called
hören 11	to hear, to listen (to)
kommen 13	to come
leben 13	to live
lernen 14	to learn, here: to be an apprentice
lesen 12, 14, 16	to read
machen 17	to do
meinen 13	to think, to be of the opinion
möchten 14	would like to
reisen 15	to travel
schreiben 10, 16	to write
sein 7, 18	to be
spielen 12, 15, 16, 17	to play
sprechen 16, 17	to talk, to speak
studieren 14, 16	to do a degree in
warten 18	to wait
werden 14	to become
wohnen 10	to live, to reside

nouns

Alter 14	age
Ausländerin (female), Ausländer (male) 13	foreigner
Beruf 14	occupation
Deutschland 13	Germany
Eltern 13	parents
Familienname 10	surname
Familienstand 10	marital status
Fotograf 16	photographer
Frau 7, 21	Mrs
Herr 7	Mr
Geburtstag 18	birthday
Hausfrau 14	housewife
Hobby, Hobbys 14, 15	hobby
Jahre 14	years
Kauffrau (female), Kaufmann (male) 14, 17	person with qualifications in business and commerce
Kind, Kinder 13, 14	child, children
Kurs 10	course, here: class
Land 16	country
Leute 14	people
Lösung 13	solution, here: key
Mechaniker 15, 17	mechanic
Monat, Monate 17	month
Name 7, 8	name
Ort 11, 20	place
Österreich 14	Austria
Postkarte, Postkarten 11, 21	postcard
Postleitzahl, Postleitzahlen 11	postcode, zipcode
Reiseleiterin (female), Reiseleiter (male) 8	courier
Schülerin (female), Schüler (male) 14	(school) student, pupil
Schweiz 14	Switzerland
Seite 13	page
Sekretärin 17	female secretary
Straße 10	street
Studentin (female), Student (male) 16	university student
Tag, Tage 7, 17	day
Telefon 10, 21	telephone
Telefonnummer 10	telephone number
Vorname 10	first name
Wohnort 10, 14	place of residence
Zahl, Zahlen 11	number

adjectives

alt 14	old
berufstätig 15	working, employed
geschieden 15	divorced
gut 7, 8, 9, 15, 17	good

Lektion 1

klein 14 — *small*
ledig 15 — *single*
neu 17 — *new*
verheiratet 14 — *married*

adverbs

bitte 10 — *please*
da 12, 13 — *there*
erst 17 — *only, no more than*
etwa 13 — *approximately*
hier 12, 17 — *here*
jetzt 14, 16 — *now*
leider 18 — *unfortunately*
nicht 12 — *not*
noch 17 — *still*
noch einmal 10, 12 — *once again*
schon 17 — *already*
übrigens 17 — *by the way*

function words

aber 14, 17 — *but*
aus 13 — *from*
bei 18 — here: *near*
das 7 — *that*
dein 10 — *your* (informal, singular)
denn 13, 18 — here: *because*
in 10 — *in*
ja 8 — *yes*
man 10 — *one*
mein 7 — *my*
mit 16, 20 — *with*
nein 8 — *no*
und 7, 9, 10, 13, 14 — *and*
von 11 — *of*
was? 13, 19 — *what?*
wer? 7 — *who?*
wie? 9 — *how?*
wie viel? 12 — *how much?*

wo? 18 — *where?*
woher? 13 — *where ... from?*
wohin? 18 — *where ... to?*

expressions

Ach so! 17, 19 — *Oh, I see*
Ach was! 19 — *It doesn't matter*
Auf Wiedersehen! 8 — *Goodbye*
Bitte schön! 10 — *You are welcome!*
Danke! 9 — *Thank you*
Danke, gut. 9 — *Thanks, fine.*
Danke schön! 10 — *Thank you very much*

Entschuldigung! 12 — *Sorry!*
Es geht! 9 — *So-so, not bad*
Guten Abend! 9 — *Good evening*
Guten Morgen! 9 — *Good morning*
Guten Tag! 7 — *Hello* (greeting)
Hallo! 9 — *Hello*
Ist hier noch frei? 17 — *Is this seat taken?*
Macht nichts. 12 — *Doesn't matter.*
Wie bitte? 7 — *Pardon?*
Wie geht es Ihnen (formal) / dir? (informal) 9 — *How are you?*
Wie heißen Sie? (formal) — *What's your name?*
Wie heißt du? (informal) 7 — *What's your name?*
Wie ist Ihre (formal) / deine (informal) Adresse? 10 — *What's your address?*
Wie ist Ihr Name? (formal)/Wie ist dein Name? (informal) 10 — *What's your name?*
Wie ist Ihre (formal) / deine Telefonnummer? (informal) — *What's your telephone number?*
zur Zeit 14 — *at the moment*

Grammar

1. Verbs and personal pronouns (§ 22, § 24 p. 138)

1.1. Personal pronouns

ex.
16

ich	I	wir	we
du	you (informal, singular)	ihr	you (informal, plural)
Sie	you (formal, singular)	Sie	you (formal, plural)
er, sie, es	he, she, it	sie	they

Remember: You can distinguish between *sie* meaning *she* and *sie* meaning *they* by the verb ending.
Sie (spelled with a capital 's') is always the formal *you*.

1.2. The personal pronoun *you*

ex.
5
8

German has three pronouns for the one English pronoun *you*. This can be tricky.
a) **du:** use *du* when speaking to a person whom you address by first name. Children, teenagers and students automatically use *du* to each other. *Du* is always used when speaking to relatives.
b) **ihr:** use *ihr* when speaking to any two or more people to whom you would say *du*; *ihr* is simply the plural of *du*.
c) **Sie:** use *Sie* when speaking to any person or people with whom you are not on first name terms. This means that you use *Sie* when speaking to adult strangers and other adults in positions of authority. These are all people whom you address as *Herr* or *Frau*. It is considered impolite to use *du* when speaking to sombody you do not know or do not know well. If in doubt use *Sie* and wait for the other person to offer you the *du*.

1.3. Verb conjugation

ex.
1
3
4
19
20
30
31
33

Verbs as they appear in the dictionary are in the infinitive form ending in -en or -n. Removing this -en or -n reveals the stem of the verb. To form the present tense the following endings are added to this stem, depending on the subject of the sentence, which is either a noun or a (personal) pronoun.

infinitive	*present tense stem*	*ending*
wohnen	wohn-	ich wohne

	wohnen	arbeiten	heißen	haben	sein
ich	wohne	arbeite	heiße	habe	bin
du	wohnst	arbeitest	heißt	hast	bist
er, sie, es	wohnt	arbeitet	heißt	hat	ist
wir	wohnen	arbeiten	heißen	haben	sind
ihr	wohnt	arbeitet	heißt	habt	seid
sie, Sie	wohnen	arbeiten	heißen	haben	sind

Lektion 1

As you can see, the pattern of verb endings is quite regular. Most verbs are conjugated like *wohnen*. Some verbs, however, differ slightly, e.g. *arbeiten* and *heißen*.

Remember:
– verbs with a stem ending in -t or -d are conjugated like *arbeiten*.
– verbs with a stem ending in -s, -ß, -x or -z are conjugated like *heißen*.

The verbs *haben* and *sein* are irregular. Learn them well as they are used very frequently.

Remember: German has only one form of the present tense: *he works, he does work* and *he is working*, all translate as *er arbeitet*.

2. The demonstrative pronoun *das*

Das is used in the following questions and answers:

Was ist das?	Das ist meine Telefonnummer.
Wer ist das?	Das ist Paul.
Wer ist das?	Das sind Kinder aus Leipzig.
or:	
Ist das Herr Müller?	Ja, das ist er.
Sind Sie Frau Müller?	Ja, das bin ich.
Sind Sie Herr und Frau Müller?	Ja, das sind wir.

In statements *das* is used before the conjugated form of 'sein' irrespective of the gender and number of the person or thing indicated. In questions it comes after the third person singular of 'sein'.

3. Interrogatives

ex.
16 In this chapter the following interrogatives are introduced: *wer?, was?, wie?, wo?, wohin?, woher?*

3.1. With *wer?* you ask for people irrespective of number and gender. It corresponds to the English *who? Wer?* always takes the third person singular.

Wer wohnt in Fulda?	Who lives in Fulda?
Wer ist verheiratet?	Who is married?
Wer hat ein Klavier?	Who has a piano?

3.2. With *was?* you ask for things and facts. It corresponds to the English *what?*

Was passt zusammen?	What goes together?
Was meinen Sie?	What do you think?
Was studiert Monika?	What is Monika studying?

ex.
10
26
27

3.3. With *wie?* you ask for the characteristics of a thing, a fact or a person. It corresponds to the English *how?*

Wie geht es Ihnen?	How are you?

It is frequently used in conjunction with adjectives.

Wie alt sind Sie?	How old are you?

Wie is also used when asking for names, addresses and telephone numbers.

Wie heißen Sie/wie ist Ihr Name?	What is your name?
Wie ist Ihre Telefonnummer?	What is your telephone number?
Wie ist Ihre Adresse?	What is your address?

Remember: *Wie?* here corresponds to the English *what?*

3.4. *Wo?, wohin?, woher?*

Compare the three questions and answers.

○ Wo wohnst du?   Wohin möchtest du?   Woher kommst du?
Where do you live?   Where would you like to go (to)?   Where do you come from?

☐ In Deutschland.   Nach England.   Aus Wales.
In London.   Nach Stuttgart.   Aus Edinburgh.

Wo? and *wohin?* both translate into English as *where?*. However, *wo?* asks for the location where something takes place whereas *wohin?* asks for the direction in which a person or a thing moves. *Woher?* is used if you ask for the origin of a person or a thing.

Wo wohnen Sie?   in London

Wohin möchtest du?   nach London

Woher kommt John?   aus London

3.5. Exercise:

Write questions to fit the following answers:

Q:	Woher komme ich?	A: Sie kommen aus Österreich.
Q:	Wohin möchtest du?	A: Ich möchte nach München.
Q:	Wo wohnen Sie?	A: Ich wohne in Erfurt.
Q:	Woher kommst du?	A: Ich bin aus Manchester.
Q:	Wo arbeitet Thomas?	A: Er arbeitet in Manchester.
Q:	Wohin möchtest du?	A: Nach Stuttgart.

4. The prepositions *in, bei, nach, aus* (§ 10 p. 132)

in, bei: used when answering a question beginning with *wo?*. They express where something or somebody is or where something takes place.

○ Wo studierst du?   ☐ In Wien.
Where are you studying?   In Vienna.

○ Wo liegt Bruck?   ☐ Bei Wien.
Where is Bruck?   Near Vienna.

nach: used when answering a question beginning with *wohin?*. It expresses a movement or a direction. **Remember:** *nach* is used before names of towns, countries and continents without the definite article.

○ Wohin möchtet ihr? □ Nach München.
  Where would you like to go? To Munich.

aus: used when answering a question with *woher?*. It expresses where a person or a thing originates from.

○ Woher kommt ihr? □ Aus Rostock.
  Where do you come from? From Rostock.

5. Word order (§ 31 p. 140, § 32, § 33 p. 141)

ex.
6
27

	Vorfeld preverbal position	Verb verb	Subjekt subject	Ergänzung complement
Aussagesatz affirmative	Das Sie Jetzt	ist kommt wohnt	 sie	Angelika Wiechert. aus Dortmund. in Hamburg.
Wortfrage w-question	Wer Wie Woher	ist ist kommen	 Ihr Vorname? Sven und Olaf?	das?
Satzfrage yes/no-question		Ist Hat Kommt	das er Julia	die Reiseleiterin? Kinder? aus Leipzig?

The verb plays a central role in the German sentence construction: it is always in the second position in statements and in w-questions. It denotes an activity (e.g. arbeiten, studieren) but can also describe a static situation (e.g. to be, to have, to sit, to stand).

The preverbal position can be taken by any part of the sentence but the verb. It is often taken by the subject, otherwise by any other part of the sentence you want to give particular emphasis to.
The subject is the person, thing or fact which either carries out the action of the verb or whose condition or state is described by the verb.

The complement usually contains the new information and is determined by the verb. *Heißen e.g.* requires a name, *kommen* and *wohnen* require a place.

Das ist ... (wer?)   Sie kommt ... (woher?)   Jetzt lebt sie ... (wo?)
Das ist Angelika.   Sie kommt aus Dortmund.   Jetzt lebt sie in Hamburg.
        ↓   ↓   ↓
    Ergänzung   Ergänzung   Ergänzung

The word order in German is much more flexible than in English.

In **statements** the subject is either in the preverbal position (as in English) or if that has been taken by any other part of the sentence, in the subject position (= immediately after the verb). This position of verb and subject is a constant problem for speakers of English.

In **w-questions** the interrogative pronoun always occupies the preverbal position. The subject then comes after the verb.

In **yes/no-questions** the preverbal position remains empty. The sentence starts with the verb which is followed by the subject.

6. Erst, schon

ex.
25
29

Compare the meaning of the following sentences:

Ich arbeite **erst** drei Monate hier.	I have <u>only</u> worked here for three months (<u>not longer</u>).
Ich arbeite **schon** drei Monate hier.	I have worked here for three months (<u>already</u>).
Er kommt **erst** morgen.	He is <u>not</u> coming <u>until</u> tomorrow.
Er kommt **schon** morgen.	He will <u>already</u> arrive tomorrow.
Er ist **erst** vier Jahre alt.	He is <u>only</u> four years old (not more).
Er ist **schon** vier Jahre alt.	He is <u>already</u> four years old.

With *erst* you express a subjective impression that a period of time is short or a point in time is late. With *schon*, however, a period of time is long or a point in time is early.

Luisa spricht **schon** gut Deutsch.

With *schon* + adjective you can express your surprise at someone achieving something before you expected it.

7. Particles: aber, denn

aber – expression of surprise

Sie sprechen aber gut Deutsch.   You do speak German well.

denn – inserted in a question, it implies a lively interest on the part of the questioner or makes the question less abrupt.

Wo liegt das denn?   Whereabouts is that?

8. Capitalization

In German the following are capitalized
a) all nouns
b) all proper nouns (names)
c) all pronouns and possessive adjectives used in formal address (Sie, Ihnen, Ihr ...)

The word *ich* (I) is not capitalised unless it comes at the beginning of a sentence.

Lektion 1

Nach Übung

2

im Kursbuch

1. Ergänzen Sie.

bin/heiße   Sind   ~~heißen~~   bin   heißt   sind   ist   bin   bist   ~~heiße~~   ist

a) ○ Wie _____ **heißen** _____ Sie?
   □ Ich _____ **heiße** _____ Paul Röder.
b) ○ Wie _____ ~~sind~~ bist _____ du?
   □ Mein Name _____ ist _____ Sabine.
c) ○ Wer _____ ist _____ Herr Lüders?
   □ Das _____ ist bin _____ ich.

d) ○ _____ sind _____ Sie Frau Sauer?
   □ Ja, das _____ ist bin _____ ich.
e) ○ Wer _____ bist _____ du?
   □ Ich _____ bin _____ Christian.
f) ○ Wer _____ sind _____ Sie?
   □ Ich heiße Paul Lüders.

Nach Übung

2

im Kursbuch

2. Was passt?

Das bin ich.   Mein Name ist Mahler.   ~~Nein, mein Name ist Beier.~~   Nein, ich heiße Beier.   ~~Guten Tag! Ich heiße Sauer.~~   Ich heiße Paul.   ~~Guten Tag! Mein Name ist Sauer.~~   Mein Name ist Paul.   Ich heiße Mahler.

a) ○ Guten Tag! Ich heiße Beier.
   □ _Guten Tag! Mein Name ist Sauer._
      Guten Tag! Ich heiße Sauer.

b) ○ Wer ist Herr Lüders?
   □ _Das bin ich_

c) ○ Wie heißen Sie?
   □ _Ich heiße Mahler_
      Mein Name ist Mahler

d) ○ Sind Sie Frau Röder?
   □ _Das bin ich_
      Nein, mein Name ist Beier

e) ○ Wie heißt du?
   □ _Ich heiße Paul_
      Mein Name ist Paul

3. Ergänzen Sie.

Nach Übung
2
im Kursbuch

| ist | sind | bin | bist | -e | -en | -t |

a) ○ Wer _ist_ Frau Beier?
   □ Das _bin_ ich.
   Und wer _sind_ Sie?
   ○ Mein Name _ist_ Sauer.

b) ○ Wie heiß_t_ du?
   □ Ich heiß_e_ Sabine. Und du?
   ○ Mein Name _heißet_ Lea.

c) ○ Wie heiß_en_ Sie?
   □ Ich heiß_e_ Röder. Und Sie?
   ○ Mein Name _ist_ Werfel.

d) ○ Ich heiß_e_ Christian.
   Und wer _bist_ du?
   □ Mein Name _ist_ Lea.

4. Ihre Grammatik: Ergänzen Sie.

Nach Übung
2
im Kursbuch

	ich	du	Sie	mein Name/wer?
sein	bin	bist	sind	ist
heißen	heiße	heißt	heißen	

5. Was passt zusammen?

Nach Übung
3
im Kursbuch

a) ○ Guten Abend, Herr Farahani.
   □ Guten Abend, Herr Kaufmann.

b) ○ Auf Wiedersehen!
   □ Auf Wiedersehen!

c) ○ Guten Morgen.
   □ Guten Morgen, Frau Beier.
   Wie geht es Ihnen?
   ○ Danke, es geht.

d) ○ Hallo Christian!
   □ Hallo Lea! Wie geht es dir?
   ○ Danke, gut. Und dir?
   □ Auch gut, danke.

e) ○ Guten Tag, Frau Sauer.
   □ Guten Tag, Frau Lüders.
   Wie geht es Ihnen?
   ○ Danke, gut. Und Ihnen?
   □ Danke, auch gut!

	Dialog
A	C
B	e
C	a
D	B
E	b

Lektion 1

Nach Übung

3

im Kursbuch

6. Schreiben Sie Dialoge.

a) heißen – wie – Sie:
   ist – Name – Müller – mein:

b) ist – wer – Frau Beier:
   ich – das – bin:

c) Herr Lüders – Sie – sind:
   ich – nein – heiße – Röder:

d) du – heißt – wie:
   heiße – Lea – ich:

e) Ihnen – es – wie – geht:
   geht – es:

f) geht – wie – dir – es:
   gut – danke:
   dir – und:
   auch – danke – gut:

○ *Wie heißen Sie?*
□ *Mein Name ist Müller*
○ *Wer ist Frau Beier?*
□ *Das bin ich*
○ *Sind sie Herr Lüders?*
□ *Nein, ich heiße Röder*
○ *Wie heißt du?*
□ *Ich heiße Lea*
○ *Wie geht es Ihnen?*
□ *Es geht*
○ *Wie geht es dir?*
□ *gut danke*
○ *Und dir?*
□ *Auch gut, danke.*

Nach Übung

5

im Kursbuch

7. Ergänzen Sie.

a) Name : heißen / Wohnort : *wohnen*
b) Sie : Ihr Name / du : _____
c) du : Wie geht es dir? / Sie : _____
d) heißen : wie? / wohnen : _____
e) Sabine Sauer : Frau Sauer / Abdollah Farahani : _____
f) Abdollah : Vorname / Farahani : _____
g) du : deine Telefonnummer / Sie : _____
h) bitte : Bitte schön! / danke : _____

Nach Übung

5

im Kursbuch

8. „Du" oder „Sie"? Wie heißen die Fragen?

a) ○ *Wie* _____   □ Sauer.
   ○ _____   □ Sabine.
   ○ _____   □ In Gera
   ○ _____   □ Ulmenweg 3,
                                  07548 Gera
   ○ _____   □ 56 82 39

b) ○ *Wie* _____   □ Christian.
   ○ _____   □ Krüger.
   ○ _____   □ In Hof.
   ○ _____   □ Kirchweg 3,
                                  95028 Hof
   ○ _____   □ 42 75

14   vierzehn

9. Wie heißt das?

Nach Übung
5
im Kursbuch

```
      Kurs   Deutsch G1

  1.Otani ①
    Kunio ②
    Ahornstraße 2 ③  } ⑤
    99084 Erfurt  ④
    3 89 85 ⑥

  2.Hernandes
    Alfredo
```

① _Familienname_
② _Vorname_
③ _Straße_
④ _Postleitzahlen, Wohnort_
⑤ _Adresse_
⑥ _Telefonnummer_

10. „wer", „wie", „wo"? Ergänzen Sie.

Nach Übung
5
im Kursbuch

a) ○ _Wie_ heißt Du?
   □ Christian.

b) ○ _Wo_ wohnen Sie, bitte?
   □ In Erfurt.

c) ○ _Wie_ ist Ihre Adresse?
   □ Ahornstraße 2, 99084 Erfurt

d) ○ _Wie_ geht es dir?
   □ Danke gut.

e) ○ _Wie_ ist dein Name?
   □ Lea.

f) ○ _Wer_ ist Frau Röder?
   □ Das bin ich.

g) ○ _Wie_ ist Ihre Nummer?
   □ 62 15 35.

h) ○ _Wo_ wohnt in Erfurt? _Wer_
   □ Herr Farahani.

11. Schreiben Sie.

Nach Übung
6
im Kursbuch

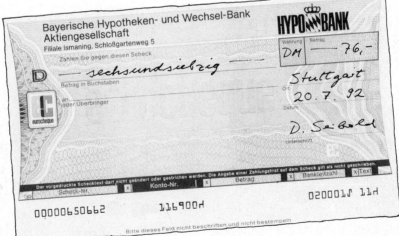

a) _Siebenundvierzig_ _____ DM 47,–
b) _achtundachtzig_ _____ DM 88,–
c) _einunddreizig_ _____ DM 31,–
d) _Neunzehn_ _____ DM 19,–
e) _dreiunddreizig_ _____ DM 33,–
f) _zweiundfünfzig_ _____ DM 52,–
g) _dreizen_ _____ DM 13,–
   dreizehn?

h) _einundzwanzig_ _____ DM 21,–
i) _fünfundfünfzig_ _____ DM 55,–
j) _dreiundneunzig_ _____ DM 93,–
k) _vierundzwanzig_ _____ DM 24,–
l) _sechsundsechzig_ _____ DM 66,–
m) _seibzen_ _____ DM 17,–
n) _fünfundneunzig_ _____ DM 95,–

Siebzehn
fünf

Lektion 1

Nach Übung

6

im Kursbuch

12. Lesen Sie die Nummernschilder.

HaDeelef dreiundsechzig

a) WES - KN 52   e) SHG - IC 71   i) AUR - VY 69

b) CLP - JY 34   f) TBB - KM 83   j) LÖ - KG 12

c) ZW - AS 27   g) BOR - QU 95   k) FFB - OT 8

d) FÜ - XT 48   h) MTK - KR 17   l) ROW - SY 19

Nach Übung

9

im Kursbuch

13. Wer hat die Telefonnummer...?

Kersch Walter	6 36 66	**Kerstan Margarete**	8 63 01	**Kersting Egon** Hirsch- 3	50 82 71
Leuchtenburger - 68		Heinrich-Sandstede- - 7		**Kertelge H.-Robert Dr.**	4 55 22
Kersen Detlef van	5 84 06	**Kersten Andreas u.**	4 15 38	Bakenhusweg 20	
Ulrich-von-Hutten- -2		**Jürgen** Meerweg 57		**Kerting Ingolf** Eichen- 9 b	59 17 31
Kerski Klaus u. Hetty	6 75 25	**Kerstiens Christa**	7 44 09	**Kertscher Klaus u. Elke**	20 39 94
Johann-Justus-Weg 141 a		Lasius- 8		Dießel- 7	

Wer hat die Telefonnummer...

a) Vier fünfzehn achtunddreißig?   *Kersten Andreas...*

b) sechs sechsunddreißig sechsundsechzig?   *Kersch...*

c) fünfzig zweiundachtzig einundsiebzig?   *Kersting Egon...*

d) neunundfünfzig siebzehn einunddreißig?   *Kerting Ingolf*

e) fünf vierundachtzig null sechs?   *Kersen Detlef*

f) vier fünfundfünfzig zweiundzwanzig?   *Kertelge H.-Robert*

g) sechs fünfundsiebzig fünfundzwanzig?   *Kerski...*

Nach Übung

9

im Kursbuch

14. Bilden Sie Sätze.

a) Sätze bilden

b) langsam buchstabieren

c) Dialoge spielen

d) lesen

e) noch einmal hören

f) ergänzen

g) Dialoge schreiben

Bitte buchstabieren Sie langsam

Bitte bilden Sie Sätze!

Bitte langsam und buchstabieren Sie

spielen sie dialoge bitte.

lesen sie?.

Nocheinmal, ich höre nicht.

Schreiben sie dialoge?

Nach Übung

9

im Kursbuch

15. Schreiben Sie ein Telefongespräch.

Oh, Entschuldigung.

Hallo? Wer ist da, bitte?

Lehmann? Ist da nicht 77 65 43?   ~~Lehmann.~~

Lehmann. Nein, meine Nummer ist 77 35 43.

Bitte, bitte. Macht nichts.

Hallo? Wer ist da, bitte?

○ *Lehmann.*

□ *Lehmann. Ist da nicht 77 65 43?*

○ *Nein, meine Nummer ist 77 35 43.*

□ *Oh, Entschuldigung.*

○ *Bitte, bitte. Macht Nicht*

□

○

16. Wer ist das? Schreiben Sie.

Nach Übung
12
im Kursbuch

a) Klaus-Maria Brandauer, Wien

b) Christa Wolf, Berlin

c) Hannelore und Helmut Kohl, Oggersheim

d) Kurt Masur, Leipzig

e) Katharina Witt, Chemnitz

f) Friedensreich Hundertwasser, Wien

a) _Das ist Klaus-Maria Brandauer. Er wohnt in_ Wohnt
b) _____ Es wohnt → Sie
c) _Das sind_ Sie wohnen in
d) _____ Er wohnt
e) _Das ist Katarina Witt, Es wohnt in Chemnitz_
f) _____ Er → Sie

17. Schreiben Sie Dialoge.

Nach Übung
13
im Kursbuch

○ Varga   □ Tendera

○ Woher sein?   □ Italien
                   Und Sie?

○ Ungarn

○ _Guten Tag! Mein Name ist Varga._
□ _Und ich heiße Tendera._
○ _Woher sie?._
□ _Ich bin Italien   Und Sie?_
○ _Ich bin Ungarn_

Ebenso:

b) ○ Farahani   □ Biro

   ○ Woher   □ Frankreich
     kommen?   Und Sie?
   ○ Iran

c) ○ Sabine   □ Juan

   ○ Woher sein?   □ Brasilien
                     Und du?
   ○ Österreich

Lektion 1

Nach Übung

16

im Kursbuch

18. Ergänzen Sie.

leben	kommen	arbeiten	heißen	sein	sprechen
studieren	wohnen	spielen	sein	sein	lernen
studieren					lernen

a) aus Brasilien
   aus Italien
   aus Ungarn
   Kommen
   leben — sein

b) Lehrer _sein_
   Ärztin
   Knur Evers
   studieren

c) in Berlin
   in Prag
   in Leipzig
   wohnen
   leben
   arbeiten
   lernen
   studieren

d) Medizin
   Elektrotechnik
   Englisch
   studieren

e) Klavier
   Tennis
   Dialoge
   lernen spielen

f) Deutsch
   Englisch
   Spanisch
   sprechen
   studieren
   lernen

g) Bankkauffrau
   Grammatik
   Englisch
   arbeiten
   lernen

h) Wiechert
   Matter
   Heinemann
   heißen

Nach Übung

17

im Kursbuch

19. Ergänzen Sie.

a) ○ Wer _ist_ das?
   □ Sie heiß_en_ Sauer.
   ○ Und wie _ist_ ihr Vorname?
   □ Sabine.
   ○ Wo wohn_en_ sie?
   □ In Köln.
   ○ Studier_en_ sie?
   □ Nein, sie _sind_ Reiseleiterin.
   ○ Was _ist_ ihr Hobby?
   □ Sie spiel_en_ gern Tennis.

b) ○ Wer _sind ist_ das?
   □ Das _sind_ Juao und Luiza.
   ○ Komm_en_ sie aus Spanien?
   □ Nein, sie _kommen_ aus Portugal.
   ○ Wo wohn_en_ sie?
   □ In Bochum.

c) ○ Wer _ist_ das?
   □ Das _ist_ Imre.
   ○ _Ist_ das sein Familienname?
   □ Nein, er heiß_t_ Imre Varga.
   ○ Arbeit_et_ er?
   □ Nein, er lern_t_ hier Deutsch.
   ○ Was _ist_ sein Hobby?
   □ Er reis_t_ gern.

d) ○ Wer _heißen_ Sie?
   □ Ich heiß_e_ Marc Biro.
   ○ Komm_en_ Sie aus Frankreich?
   □ Ja, aber ich arbei_te_ in Freiburg.
   ○ Was _wohnen_ Ihr Beruf? _ist_
   □ Ich _wohne_ Lehrer. _bin_

20. Ihre Grammatik. Ergänzen Sie.

Nach Übung
17
im Kursbuch

	sie (Sabine)	er (Imre)	sie (João und Luiza)	Sie
sein	*ist*	*ist*	*sind*	*sind*
heißen	*heißen heißt*	*heißt*	*heißen*	*heißen*
kommen	*kommt*	*kommt*	*kommen*	*kommen*
wohnen	*wohnt*	*wohnt*	*wohnen*	*wohnen*

21. Ergänzen Sie.

Nach Übung
17
im Kursbuch

a) wohnen : wo? / kommen : _____ *woher*
b) Hoppe : Name / Automechaniker : _____ *Arbeiten*
c) er : Junge / sie : _____
d) Schüler : lernen / Student : _____
e) Hamburg : Wohnort / Österreich : _____
f) sie : Frau Röder / er : _____
g) Klavier : spielen / Postkarte : _____ *schreiben*
h) wohnen : in / kommen : _____
i) Ingenieur : Beruf / Tennis : _____ *spielen*
j) 30 Jahre : Mann, Frau / 5 Jahre : _____ *mädchen*
k) Gespräch : hören / Postkarte : _____

22. Welche Antwort passt?

Nach Übung
17
im Kursbuch

a) Heißt er Matter?
   Ⓐ Nein, Matter.
   Ⓑ Nein, er heißt Baumer.
   Ⓒ Ja, er heißt Baumer.

b) Wo wohnen Sie?
   Ⓐ Sie wohnt in Leipzig.
   Ⓑ Ich wohne in Leipzig.
   Ⓒ Sie wohnen in Leipzig.

c) Wie heißen sie?
   Ⓐ Sie heißt Katja Heinemann.
   Ⓑ Ja, sie heißen Katja und Klaus.
   Ⓒ Sie heißen Katja und Klaus.

d) Wie heißen Sie?
   Ⓐ Ich heiße Röder.
   Ⓑ Sie heißen Röder.
   Ⓒ Sie heißt Röder.

e) Wo wohnt sie?
   Ⓐ Sie ist Hausfrau.
   Ⓑ Ich wohne in Stuttgart.
   Ⓒ Sie wohnt in Dortmund.

f) Wer sind Sie?
   Ⓐ Mein Name ist Matter.
   Ⓑ Ich bin aus der Schweiz.
   Ⓒ Ich bin Landwirt.

g) Ist das Frau Sauer?
   Ⓐ Ja, das ist er.
   Ⓑ Ja, das sind sie.
   Ⓒ Ja, das ist sie.

h) Wie ist Ihr Name?
   Ⓐ Ich heiße Farahani.
   Ⓑ Ich bin das.
   Ⓒ Ich bin Student.

Lektion 1

Nach Übung

17

im Kursbuch

23. Lesen Sie im Kursbuch Seite 14/15.

a) Ergänzen Sie.

	Frau Wiechert	Herr Matter	Herr Baumer	Und Sie?
Vorname/Alter	Angelika	Gottfried	Klaus-Otto	
Wohnort	Dortmont			
Beruf	Ingenieurin			
Familienstand	Verheiratet			
Kinder	zwei			
Hobby	Lesen und Sor fen			

b) Schreiben Sie.

Das ist Angelika Wiechert. Sie ist ...
Frau Wiechert ist ... Sie ist ... und hat ...
Ihre Hobbys sind ...
Das ist Gottfried ...

Nach Übung

17

im Kursbuch

24. Lesen Sie die Texte auf S. 15/16 im Kursbuch. Schreiben Sie dann.

a)

Ich heiße Klaus-Otto Baumer und ...

b)

Ich heiße Ewald Hoppe und ...

Nach Übung

18

im Kursbuch

25. „Erst" oder „schon"?

a) Anton Becker ist _____ schon _____ 58 Jahre alt, Margot Schulz _____ erst _____ 28.

b) Jochen Pelz arbeitet _____ erst _____ drei Monate bei Müller & Co, Anton Becker
_____ schon _____ fünf Jahre.

c) Monika Sager wohnt _____ erst _____ sechs Monate in Berlin, Manfred Bode
_____ schon _____ fünf Jahre.

d) ○ Wartest du hier _____ schon _____ lange? □ Ja, _____ schon _____ eine Stunde.

e) Ewald ist _____ schon _____ 36 Jahre verheiratet, Angelika _____ erst _____ fünf Jahre.

f) Dagmar lernt _____ erst _____ fünf Monate Englisch, Heiner _____ schon _____ zwei Jahre.

g) ○ Sind Sie _____ schon _____ lange hier? □ Nein, _____ erst _____ zwei Monate.

26. Fragen Sie.

a) ○ Das ist Frau Tendera.　　□ *Wie bitte? Wer ist das?*
b) ○ Ihr Vorname ist Luisa.　　□ *Wie bitte? Wie ist ihre name?*
c) ○ Sie kommt aus Italien.　　□ *Wie bitte? Woher kommen sie?*
d) ○ Sie wohnt in München.　　□ *Wie bitte? Wohnt sie?*　　*Wo*
e) ○ Sie studiert Medizin.　　□ *Wie bitte? Wie studieren Sie?*
f) ○ Ihr Hobby ist Reisen.　　□ *Wie bitte? Wie ist Ihre hobby?*　　*Was*

27. Fragen Sie.

a) ○ *Ist er advokat?* □ Nein, er ist Programmierer.
b) ○ *Ich bin Heinemann?* □ Ja, ihr Name ist Heinemann.
c) ○ *(Woher) kommt er aus Frankreich?* □ Nein, er kommt aus Neuseeland.
d) ○ *Arbeitet er schon* □ Ja, er arbeitet erst drei Tage hier.
e) ○ *Sind Sie Frau Röder* □ Ja, ich bin Frau Röder.
f) ○ *Ist hier noch frei* □ Ja bitte, hier ist noch frei.
g) ○ *Reist er gern* □ Ja, er reist gern.
h) ○ *Studiert sie Englisch?* □ Nein, sie studiert Medizin.
i) ○ *Ist er ledig? verheiratet* □ Ja, er ist verheiratet.
j) ○ *Woher kommt er?* □ Er kommt aus Neuseeland.
k) ○ *Was studiert sie* □ Sie studiert Medizin.
l) ○ *Surfen sie gern* □ Ja, ich surfe gern.
m) ○ *Sind sie Automechaniker* □ Nein, sie ist Telefonistin.
n) ○ *Ist hier frei* □ Ja, hier ist frei.
o) ○ *Was ist ihre Vorname* □ Mein Vorname ist Abdollah.
p) ○ *Wo wohnt Abdollah* □ Abdollah wohnt in Erfurt.
q) ○ *Heißt er João* □ Nein, er heißt João.
r) ○ *Wer ist das?* □ Das ist Frau Sauer.

28. Schreiben Sie einen Dialog.

Ja, bitte schön. – Sind Sie neu hier?
Und was machen Sie hier?
Nein, aus Neuseeland.
Ich bin Programmierer.
Guten Morgen, ist hier noch frei?
Ich heiße John Roberts.　Sind Sie aus England?
Ja, ich arbeite erst drei Tage hier.

○ *Guten Morgen, ist hier noch frei?*
□ *Ja, .. bitte schön. Sind Sie Neu hier?*
○ *Ja ich arbeite erst drei Tage hier Ich heiße John*
□ *... Sind Sie aus England*
Nein, aus Neuseeland. Und was machen Sie hie
Ich bin Programmierer.

Lektion 1

Nach Übung
18
im Kursbuch

29. „Noch" oder „schon"?

a) Ihre Kinder sind ___noch___ klein, sie sind erst drei und fünf Jahre alt.
b) ○ Ist hier ___schon___ frei?   □ Ja, bitte.
c) ○ Arbeiten Sie hier ___schon___ lange?   □ Nein, erst fünf Tage.
d) Monika Sager studiert ___schon___, Manfred Bode ist ___noch___ Lehrer.
e) Zwei Kinder sind ___schon___ Schüler, ein Junge studiert ___noch___.
f) Angelika Wiechert ist ___schon___ verheiratet, Klaus Henkel ist ___noch___ ledig.
g) ○ Wo ist Frau Beier? Kommt sie ___schon___?   □ Sie ist ___noch___ da.
h) ○ Wohnen Sie ___schon___ in Hamburg?   □ Nein, ich lebe jetzt in Dortmund.

Nach Übung
19
im Kursbuch

30. Ergänzen Sie.

a) ○ Hallo, ha___hast___ du Feuer?
   □ Ja, hier.
   ○ Wohin möcht___est___ du?
   □ Nach Hamburg.
   ○ Wart_____ du schon lange?
   □ Es geht.
   ○ Woher _____ du?
   □ Ich komm_____ aus Polen.
      Und woher komm_____ du?
   ○ Ich _____ aus Österreich.
   □ Was mach_____ du in Deutschland?
      Arbeit_____ du hier?
   ○ Nein, ich studier_____ in Bonn.

b) ○ Hallo, hab_____ ihr Feuer?
   □ Nein.
   ○ Wohin möcht_____ ihr?
   □ Nach München.
   ○ Wart_____ schon lange?
   □ Es geht.
   ○ Woher _____ ihr?
   □ Wir komm_____ aus Wien.
   ○ _____ ihr Österreicher?
   □ Nein, wir _____ Deutsche.
   ○ Und was mach_____ ihr in Wien?
      Arbeit_____ ihr da?
   □ Nein, wir studier_____ da.

Nach Übung
19
im Kursbuch

31. Ihre Grammatik. Ergänzen Sie.

	ich	du	wir	ihr
studieren	studiere			
arbeiten				
sein				
heißen				

Nach Übung
20
im Kursbuch

32. „Danke" oder „bitte"?

a) ○ Wie geht es Ihnen?
   □ _____, gut.

b) ○ Oh, Entschuldigung!
   □ _____ schön.

c) ○ Ist hier noch frei?
   □ Ja, _____.
   ○ _____!

d) ○ Wie ist Ihr Name?
　 □ Farahani.
　 ○ _____ buchstabieren Sie!
　 □ F a r a h a n i .
　 □ _____ schön!
　 ○ _____ !

e) ○ Ich heiße Sauer.
　 □ Wie _____ ?
　 　 Wie heißen Sie?
f) ○ Hast du Feuer?
　 □ Ja hier, _____ .
　 ○ _____ !

33. Welche Antwort passt?

Nach Übung
20
im Kursbuch

a) Sind Sie neu hier?
　Ⓐ Nein, ich bin neu hier.
　Ⓑ Ja, ich bin schon zwei Monate hier.
　Ⓒ Nein, ich bin schon vier Jahre hier.

b) Was sind Sie von Beruf?
　Ⓐ Sie ist Telefonistin.
　Ⓑ Ich bin erst drei Tage hier.
　Ⓒ Ich bin Programmierer.

c) Was macht Frau Kurz?
　Ⓐ Sie ist Sekretärin.
　Ⓑ Er ist Ingenieur.
　Ⓒ Sie arbeitet hier schon fünf Jahre.

d) Arbeitet Herr Pelz hier?
　Ⓐ Nein, er ist Schlosser.
　Ⓑ Ja, schon drei Jahre.
　Ⓒ Nein, erst vier Monate.

e) Ist hier noch frei?
　Ⓐ Ja, danke.
　Ⓑ Nein, leider nicht.
　Ⓒ Nein, danke.

f) Sind Sie Ingenieur?
　Ⓐ Nein, Mechaniker.
　Ⓑ Nein, danke.
　Ⓒ Ja, bitte.

g) Habt ihr Feuer?
　Ⓐ Ja, sehr gut.
　Ⓑ Nein, es geht.
　Ⓒ Ja, hier bitte.

h) Wartet ihr schon lange?
　Ⓐ Ja, erst zwei Tage.
　Ⓑ Ja, schon zwei Tage.
　Ⓒ Ja, wir warten.

i) Wo liegt Potsdam?
　Ⓐ Bei Berlin.
　Ⓑ Aus Berlin.
　Ⓒ Nach Berlin.

j) Wohin möchtet ihr?
　Ⓐ Aus Rostock.
　Ⓑ In Rostock.
　Ⓒ Nach Rostock.

k) Woher kommt ihr?
　Ⓐ In Wien.
　Ⓑ Aus Wien.
　Ⓒ Nach Wien.

34. Schreiben Sie einen Dialog.

Nach Übung
20
im Kursbuch

Wir sind aus Berlin. Und woher kommst du?

Bei Hamburg. Wohin möchtet ihr?

Hallo! ~~Habt ihr~~ Feuer?

Wo ist das denn?

Danke! Wartet ihr schon lange?

Woher seid ihr?

Ich? Aus Stade.

Ja hier, bitte!

Ja.

Nach Frankfurt. Und du?

Nach Wien.

○ *Hallo! Habt ihr Feuer?* _____
□ *Ja* _____
○ ...

Lektion 2

Vocabulary

verbs

antworten 31	*to answer*
bekommen 31	*to receive, to get*
bieten 27	*to offer*
entscheiden 22	*to decide*
entschuldigen 29	*to excuse*
fahren 29	*to go (car, train)*
funktionieren 28	*to work, to be in working order*
gehen 30	here: *to be in working order*
können 27	*to be able to*
korrigieren 30	*to correct*
kosten 25	*to cost*
sagen 29	*to say*
spülen 30	*to wash dishes*
stimmen 31	*to be correct*
waschen 30	*to wash*
wechseln 31	here: *to change round*

nouns

e Antwort, -en 31	*answer*
s Auto, -s 29	*car*
e Batterie, -n 21, 22, 23	*battery*
s Benzin 30	*petrol, gas*
s Bett, -en 29	*bed*
s Bild, -er 26	*picture*
r Fehler, - 30	*mistake*
r Fernsehapparat, -e 26, 28	*television set*
s Foto, -s 21, 22	*photograph*
r Fotoapparat, -e 21	*camera*
s Geld 27	*money*
s Geschäft, -e 28	*shop*
e Gruppe, -n 31	*group*
s Haus, ¨er 28	*house*
r Haushalt, -e 28	*household*
r Helm, -e 28	*helmet*
r Herd, -e 22, 25, 26	*(kitchen) cooker, stove*
e Idee, -n 28	*idea*
r Junge, -n 21	*boy*
e Kamera, -s 23	*camera*
e Karte, -n 31	*card*
e Kassette, -n 30	*cassette*
e Küche, -n 24, 25, 26	*kitchen*
r Kugelschreiber, - 21, 22	*pen, biro*
r Kühlschrank, ¨e 26	*refrigerator*
e Lampe, -n 21, 22, 24, 25, 26	*lamp*
s Mädchen, - 21	*girl*
e Minute, -n 22	*minute*
e Parkuhr, -en 28	*parking meter*
e Person, -en 26, 31	*person*
s Problem, -e 29	*problem*
s Programm, -e 25	*programme*
s Radio, -s 26, 28	*radio*
s Regal, -e 24, 25	*shelf*
r Schrank, ¨e 24, 25,	here: *cupboard*, also: *wardrobe*
r Schuh, -e 28	*shoe*
e Steckdose, -n 21, 23	*socket*
r Stecker, - 21, 22	*plug*
r Stuhl, ¨e 21, 23, 24, 25	*chair*
r Tisch, -e 21, 22, 26	*table*
r Topf, ¨e 22, 23	*saucepan*
e Uhr , -en 26, 27,	*clock, watch*
s Waschbecken, - 21, 22	*wash basin*
e Waschmaschine, -n 26, 29	*washing machine*
r Wert, -e 28	*value*
s Wort, ¨er 23, 31	*word*
e Zeit 22	*time*

adjectives

ähnlich 29	*similar*
bequem 25, 29	*comfortable*
ehrlich 28	*honest*
kaputt 30	*broken*
leer 30	*empty,* here: *flat*
lustig 28	*amusing*
modern 25, 29, 32	*modern*
originell 28	*novel*
praktisch 25, 29	*practical*

adverbs

auch 29, 32	*also*
heute 32	*today*
morgen 32	*tomorrow*
sehr 25	*very*

function words

es 25	*it*
oder 24, 31	*or*
sondern 28	*but (after a negative)*
zu 28	*to*
zu 30	here: *turned off*

expressions

alle 30	*all gone, empty*
aus … sein 25	*to be made of*
raus 30	*not in*
viel Spaß! 31	*have fun!*

Lektion 2

Grammar

1. Articles and nouns in the nominative case (§ 1 p. 128)

Unlike English, German nouns have both genders and cases. Which case you use depends on the role of the noun in the sentence. The first case you are introduced to is the nominative case, which is used for the subject of the sentence. The subject is the person or thing that 'does' the action expressed by the verb or is described by the verb. The nominative case is the form you will find in the dictionary. There are three genders: masculine, feminine and neuter, which correspond to three different articles.

masculine: der Stuhl   feminine: die Lampe   neuter: das Klavier

Remember: for the one English article *the* there are three in German: *der, die, das.*

Looking at a noun it is very often impossible to know which gender it is. Only the article will tell you. It is therefore important to learn every noun with its article.
Both in English and in German there are definite and indefinite articles. However, there are two types of indefinite articles in German: a positive and a negative one.

		indefinite article	
	definite article – the	positive – a/an	negative – not a/an
masculine	der Stuhl	ein Stuhl	kein Stuhl
feminine	die Lampe	eine Lampe	keine Lampe
neuter	das Klavier	ein Klavier	kein Klavier
plural	die Stühle	Stühle	keine Stühle

Remember: in the plural there is only one definite article and one negative indefinite article for all three genders. There is no plural form for the positive indefinite article.
The use of the definite and indefinite articles in German largely corresponds to the use in English. When a noun is mentioned for the first time you use the indefinite article, when it is referred to again the noun is used with the definite article or replaced by a personal pronoun.

Das ist eine Badenia-Mikrowelle.   noun not previously mentioned
Die Mikrowelle hat 1000 Watt: referred to again
Sie hat 1000 Watt.   alternative

1.1. Exercise:
Translate the sentences a)–d) into English and e)–h) into German. Make sure you use the correct article.

a) Das ist kein Fernsehapparat.
   Es ist eine Waschmaschine. _____
b) Ist das der Herd von BADENIA? _____
c) Frau Pristl hat Kinder. _____
d) Eine Lampe kostet DM 31,00. _____
e) Mr Rhodes sells cars. _____

f) This is a dishwasher from Germany. _____
g) The chair is very comfortable. _____
h) This is not a radio. It is a telephone. _____

2. Negation (§ 48 p. 146)

In German the negative is either expressed by the word *nicht* or the negative indefinite article *kein-*. The negative indefinite article corresponds to the English *not a, no, not any* and always refers to a noun. *Nicht* is used to negate any other part of the sentence (e.g. verbs, adjectives, expressions of place and time etc.)

Das ist ein Schuh.	Das ist kein Schuh. Es ist ein Telefon.
Mein Schrank hat Schubladen.	Dein Schrank hat keine Schubladen.

Remember: *kein- = not a, no, not any*

Das Radio funktioniert.	Der Fernseher funktioniert nicht.
Katja wohnt in Leipzig.	Angelika wohnt nicht in Leipzig, sie wohnt in Dresden.
Ich komme heute.	Ich komme nicht morgen.
Das Bett ist neu.	Der Stuhl ist nicht neu.
Das ist mein Buch.	Das ist nicht dein Buch.

Remember: *nicht = not.*

Remember: English often includes the verb *do* in a negative sentence. This does not happen in German.

2.1. Exercise:
Make the following sentences negative.
a) Ich wohne in Manchester. _____
b) Das ist eine Waschmaschine. _____
c) Das ist meine Kamera. _____
d) Die Maschine funktioniert. _____
e) Eine Maschine funktioniert. _____
f) Der Fernsehapparat ist neu. _____
g) Ich habe Kinder. _____

3. Personal pronouns in the nominative case (§ 11 p. 133)

The personal pronouns *er, sie, es* and *sie* (plural) replace nouns to avoid repetition. Personal pronouns can refer to people:

Herr Müller – er
Frau Müller – sie
das Kind – es

They can also refer to things:

der Stuhl – er
die Lampe – sie
das Bett – es

Lektion 2

Remember: the English pronoun *it* is *er, sie* or *es* in German. The plural pronoun *sie* (they) is the same for all three genders (people and things).

4. Possessive articles in the nominative case (§ 6a p. 130)

In German possessive articles agree both with the person who possesses something (as in English) and with the object possessed (different from English).

Das ist <u>mein</u> Stuhl.   This is my chair.
Das ist <u>meine</u> Lampe.   This is my lamp.
Das ist <u>mein</u> Bett.   This is my bed.

The form of the possessive article in the singular corresponds to the indefinite article.

Das ist <u>ein</u> Stuhl. (masc)   Das ist <u>eine</u> Lampe. (fem)   Das ist <u>ein</u> Bett. (neut)

In the plural there is again only one form for all three genders.

Das sind   meine Stühle.
              meine Lampen.
              meine Betten.

The form therefore corresponds to the negative indefinite article.

owner	singular					plural	
possession	ich	du	Sie	er	sie	Sie	sie
der	mein	dein	Ihr	sein	ihr	Ihr	ihr
die	meine	deine	Ihre	seine	ihre	Ihre	ihre
das	mein	dein	Ihr	sein	ihr	Ihr	ihr
plural	meine	deine	Ihre	seine	ihre	Ihre	ihre

Remember: if you address a person with *du* you use the possessive adjective *dein/deine*. If you address a person with *Sie* you use *Ihr/Ihre*. They both correspond to the English *your*.

5. Plural (§ 9 p. 132)

Even though there are some patterns for how to form the plural there are no easy rules and it is therefore advisable that you always learn the gender <u>and</u> the plural of a noun. Before you attempt exercise 12 in the workbook have a look at the various patterns as shown in § 9 of the grammar section in the Kursbuch.

6. aber, sondern

Both conjunctions are translated as *but* into English. *Sondern*, however, is only used after a negative and then only when a wrong idea is replaced by a correct one.

Das ist kein Schuh, sondern ein Telefon.
Die Stühle sind nicht neu, sondern alt.
Here the two ideas presented are incompatible.

Der Fernsehapparat ist nicht originell, aber er funktioniert.
Die Waschmaschine ist alt, aber sie funktioniert.
Here the two ideas are compatible, they can co-exist.
Aber is always used when the first idea is in the affirmative.

6.1. Exercise:

Supply *aber* or *sondern*.

a) Meine Telefonnummer ist nicht 69458, _____ 69485.

b) Herr und Frau Matter sind Landwirte, _____ die Kinder möchten später keine Landwirte werden.

c) Der BADENIA-Küchenschrank ist praktisch, _____ er kostet DM 998.

d) Das ist kein Taschenrechner, _____ ein Telefon.

e) Katja Heinemann wohnt nicht in Leipzig, _____ sie arbeitet da.

f) Das ist nicht deine Kamera, _____ meine Kamera.

Lektion 2

Nach Übung

2

im Kursbuch

1. Suchen Sie Wörter.

a) tielektroherdwestuhlertopfeleminevaskameratewasserhahnefglühbirneh

Elektroherd,

b) zahkugelschreiberledlampesbwaschbeckenörststeckerlobatteriepsüzahlend

c) tassteckdoseautaschenlampeehtischisfotokistaschenrechnerlas

Nach Übung

2

im Kursbuch

2. „Der", „die" oder „das"?

a) _____ Taschenrechner		i) _____ Mine
b) _____ Lampe		j) _____ Glühbirne
c) _____ Topf		k) _____ Kamera
d) _____ Steckdose		l) _____ Taschenlampe
e) _____ Wasserhahn		m) _____ Tisch
f) _____ Kugelschreiber		n) _____ Stuhl
g) _____ Elektroherd		o) _____ Waschbecken
h) _____ Foto		p) _____ Stecker

Nach Übung

3

im Kursbuch

3. Bildwörterbuch. Ergänzen Sie.

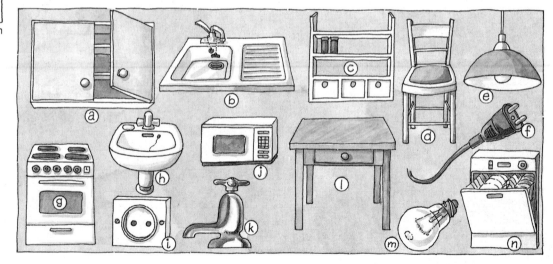

a) *der* _____   h) _____
b) _____   i) _____
c) _____   j) _____
d) _____   k) _____
e) _____   l) _____
f) _____   m) _____
g) _____   n) _____

4. „Er", „sie", „es" oder „sie" (Plural)? Ergänzen Sie.

Nach Übung

3

im Kursbuch

a) Das ist eine *Leica*. Sie ist schon zwanzig Jahre alt, aber _____ fotografiert noch sehr gut.

b) Das ist Karins Kugelschreiber. _____ schreibt sehr gut.

c) Das ist der Reiseleiter. _____ wohnt in Ulm.

d) Frau Benz ist nicht berufstätig. _____ ist Hausfrau.

e) Das sind Inge und Karin. _____ sind noch Schülerinnen.

f) Das ist Bernds Auto. _____ ist zehn Jahre alt.

g) Das sind Batterien. _____ sind für Kameras oder Taschenrechner.

h) Das ist eine GORA-Spülmaschine. Die Maschine hat fünf Programme. _____ ist sehr gut.

i) Das ist ein BADENIA-Küchenstuhl. Der Stuhl ist sehr bequem. _____ kostet 285 Mark.

5. „Der" oder „ein", „die" oder „eine", „das" oder „ein", „die" (Plural) oder „-"?

Nach Übung

3

im Kursbuch

a) Nr. 6   ist _____ Büroregal und kostet 136 Mark.

b) _____ Küchenregal kostet 180 Mark.

c) Nr. 8   ist _____ Spüle mit zwei Becken.

d) _____ Spüle mit zwei Becken kostet 810 Mark.

e) _____ Herd Nr. 3 ist _____ Elektroherd, Nr. 2 ist _____ Gasherd.

f) _____ Elektroherd kostet 1280 Mark, _____ Gasherd 935.

g) _____ Lampen Nr. 10 und 11 sind _____ Küchenlampen. _____ Lampe Nr. 9 ist
   _____ Bürolampe.

h) _____ Küchenlampen kosten 89 und 126 Mark, _____ Bürolampe 160.

Lektion 2

6. Beschreiben Sie.

a) *Das ist ein Küchenschrank. Der Schrank hat acht Schubladen. Er kostet DM 998,-*

b) *Das ist* _____

_____

_____

_____

_____

c) _____

_____

_____

_____

_____

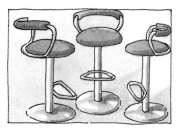

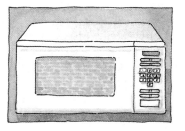

d) _____

_____

_____

_____

_____

_____

e) _____

_____

_____

_____

_____

_____

f) _____

_____

_____

_____

_____

_____

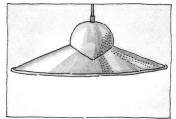

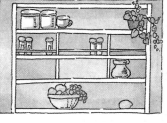

g) _____

_____

_____

_____

_____

_____

h) _____

_____

_____

_____

_____

_____

i) _____

_____

_____

_____

_____

_____

7. Ein Wort passt nicht.

Nach Übung

4

im Kursbuch

a) Geschirrspüler – Waschmaschine – Spüle – Mikrowelle
b) Bild – Stuhl – Tisch – Schrank
c) Spüle – Abfalleimer – Waschbecken – Wasserhahn
d) Elektroherd – Kühlschrank – Regal – Geschirrspüler
e) Radio – Telefon – Fernsehapparat – Uhr

8. Was ist das?

Nach Übung

4

im Kursbuch

☐ Was ist Nr. 2? ○ *Eine* _____
☐ Was ist Nr. . . .? ○ . . . .

9. „Wer" oder „was"? Fragen Sie.

Nach Übung

4

im Kursbuch

a) *Wer ist das?* _____ – Herr Roberts.
b) _____ – Ein Stuhl.
c) _____ – Das ist eine Lampe.
d) _____ – Das ist Margot Schulz.
e) _____ ist Klaus Henkel? – Programmierer.
f) _____ ist Studentin? – Monika Sager.
g) _____ wohnt in Hamburg? – Angelika Wiechert.
h) _____ macht Rita Kurz? – Sie ist Sekretärin.

Lektion 2

Nach Übung

5

im Kursbuch

10. Was ist da nicht?

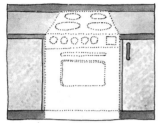

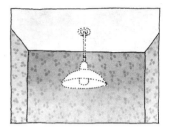

a) *Da ist kein* _____

b) _____

c) _____

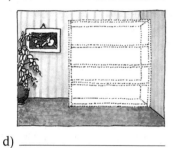

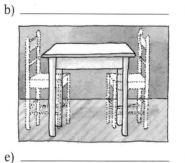

d) _____

e) _____

f) _____

Nach Übung

5

im Kursbuch

11. Ordnen Sie.

Elektroherd   Taschenlampe   Mine   Lampe   Glühbirne   Foto   Uhr   Radio
Fernsehapparat   Abfalleimer   Bild   Kühlschrank   Schrank
Kugelschreiber   Regal   Spüle   Geschirrspüler
Stecker   Stuhl   Steckdose   Taschenrechner   Tisch   Mikrowelle

der/ ein/ kein	die/ eine/ keine	das/ ein/ kein

a) _____   b) _____   c) _____

_____   _____   _____

_____   _____   _____

_____   _____   _____

_____   _____   _____

_____

_____

12. Wie heißt der Singular? Wie heißt der Plural? Ergänzen Sie.

Nach Übung
6
im Kursbuch

~~Telefon~~ ~~Stuhl~~ Abfalleimer Frau Glühbirne Batterie Hobby Mikrowelle
~~Lampe~~ ~~Uhr~~ ~~Mutter~~ Kamera Beruf Spülmaschine Regal Kind Mine
~~Foto~~ ~~Stecker~~ Wasserhahn Arzt
~~Mann~~ ~~Bild~~ Name Waschbecken Mädchen Taschenrechner Spüle
Elektroherd Kochfeld Zahl Ausländer Fernsehapparat
Kugelschreiber Tisch Topf Land Radio Auto

-e _das Telefon_ – _die Telefone_   – _der Stecker_ – _die Stecker_
___ – ___   ___ – ___
___ – ___   ___ – ___
___ – ___   ___ – ___

¨e _der Stuhl_ – _die Stühle_
___ – ___   ¨ _die Mutter_ – _die Mütter_
___ – ___   -er _das Bild_ – _die Bilder_

-n _die Lampe_ – _die Lampen_
___ – ___   ¨er _der Mann_ – _die Männer_
___ – ___   -s _das Foto_ – _die Fotos_
___ – ___
___ – ___

-en _die Uhr_ – _die Uhren_
___ – ___
___ – ___

13. Schreiben Sie die Zahlen.

Nach Übung
7
im Kursbuch

a) zweihundertvierundsechzig _264_
b) hundertzweiundneunzig _____
c) fünfhunderteinundachtzig _____
d) siebenhundertzwölf _____
e) sechshundertfünfundfünfzig _____
f) neunhundertdreiundsechzig _____
g) hundertachtundzwanzig _____
h) dreihundertdreizehn _____
i) siebenhunderteinunddreißig _____

j) fünfhundertsiebenundvierzig _____
k) achthundertsechsundachtzig _____
l) sechshundertfünfundsiebzig _____
m) zweihundertachtunddreißig _____
n) vierhundertdreiundneunzig _____
o) neunhundertzweiundzwanzig _____
p) hundertneun _____
q) achthundertsechzehn _____
r) zweihunderteins _____

Lektion 2

Nach Übung

7

im Kursbuch

14. Schreiben Sie die Zahlen und lesen Sie laut.

a) 802: _____ j) 543: _____

b) 109: _____ k) 428: _____

c) 234: _____ l) 779: _____

d) 356: _____ m) 284: _____

e) 788: _____ n) 997: _____

f) 373: _____ o) 238: _____

g) 912: _____ p) 513: _____

h) 401: _____ q) 954: _____

i) 692: _____ r) 786: _____

Nach Übung

8

im Kursbuch

15. „Ihr"/„Ihre" oder „dein"/„deine"? Ergänzen Sie.

a) O Entschuldigen Sie! Ist das _____ Uhr?   □ Ja.

b) O Du Sonja, ist das _____ Auto?   □ Nein.

c) O Frau Kunst, wie ist _____ Telefonnummer?   □ 24 56 89.

d) O Wie ist _____ Adresse, Herr Wenzel?   □ Konradstraße 35, 55124 Mainz.

e) O Wie heißt du?   □ Bettina.

   O Und was ist _____ Adresse?   □ Mozartstraße 23.

f) O Hast du jetzt Telefon?   □ Ja.

   O Und wie ist _____ Nummer?   □ 5 78 54.

Nach Übung

8

im Kursbuch

16. Ergänzen Sie.

a) Taschenlampe : Batterie / Auto : _____

b) Fernsehapparat : Bild / Kamera : _____

c) Batterie : leer / Stuhl : _____

d) Spülmaschine : spülen / Waschmaschine : _____

e) Postkarte : lesen und schreiben / Telefon : _____ und

_____

f) Auto : waschen / Topf : _____

g) Mikrowelle : praktisch / Stuhl : _____

Nach Übung

10

im Kursbuch

17. „Er", „sie", „es" oder „sie" (Plural)? Ergänzen Sie.

a) O Ist das deine Kamera?   □ Ja, aber _____ funktioniert nicht.

b) O Ist das Ihr Auto?   □ Ja, aber _____ fährt nicht.

c) O Ist das deine Taschenlampe?   □ Ja, aber _____ funktioniert nicht.

d) O Ist das dein Taschenrechner?   □ Ja, aber _____ geht nicht.

e) O Sind das Ihre Batterien?   □ Ja, aber _____ sind leer.

f) O Ist das Ihre Uhr?   □ Ja, aber _____ geht nicht.

g) O Sind das Ihre Kugelschreiber?   □ Ja, aber _____ schreiben nicht.

h) O Ist das dein Telefon?   □ Ja, aber _____ geht nicht.

36   sechsunddreißig

18. Was passt nicht?

Nach Übung

10

im Kursbuch

a) *Die Waschmaschine:* ist praktisch, ist gut, ist neu, fährt gut, wäscht gut.
b) *Das Haus:* ist klein, ist modern, ist ehrlich, kostet DM 430 000.
c) *Der Kühlschrank:* ist leer, geht nicht, spült nicht, ist praktisch, ist neu.
d) *Das Telefon:* ist lustig, antwortet nicht, ist kaputt, ist modern.
e) *Die Frau:* ist kaputt, ist ehrlich, ist ledig, ist klein, ist lustig.
f) *Die Spülmaschine:* wäscht nicht, ist leer, geht nicht, spült nicht gut.
g) *Der Stuhl:* ist bequem, ist neu, ist leer, ist frei, ist modern.
h) *Das Foto:* ist lustig, ist praktisch, ist neu, ist klein, ist gut.
i) *Das Auto:* fährt nicht, ist neu, wäscht gut, ist kaputt, ist gut.
j) *Das Geschäft:* ist gut, ist neu, ist klein, ist leer, ist ledig.
k) *Die Idee:* ist neu, ist lustig, ist klein, ist gut.
l) *Die Küche:* ist modern, ist ehrlich, ist praktisch, ist neu, ist klein.

19. Antworten Sie.

Nach dem

**Lernspiel
Seite 31**

im Kursbuch

a) ○ Ist das deine Uhr?
   □ *Nein, das ist ihre Uhr.*

g) ○ Sind das deine Batterien?
   □ _____

b) ○ Sind das deine Fotos?
   □ *Nein, das* _____

h) ○ Ist das deine Kamera?
   □ _____

c) ○ Ist das dein Kugelschreiber?
   □ _____

i) ○ Ist das dein Auto?
   □ _____

d) ○ Ist das dein Radio?
   □ _____

j) ○ Ist das deine Taschenlampe?
   □ _____

e) ○ Ist das deine Lampe?
   □ _____

k) ○ Ist das dein Taschenrechner?
   □ _____

f) ○ Ist das dein Fernsehapparat?
   □ _____

Lektion 3

Vocabulary

verbs

backen 41	*to bake*
bestellen 38	*to order*
bezahlen 39	*to pay*
brauchen 41	*to need*
erkennen 42	*to recognise*
erzählen 35, 37, 41	*to tell*
essen 34	*to eat*
glauben 36	*to believe, to think*
kaufen 41	*to buy*
kennen 42	*to know*
kochen 40	*to cook*
mögen 36	*to like*
nehmen 37, 40	*to take*
schmecken 40, 42	*to taste*
trinken 34	*to drink*
üben 36	*to practise*

nouns

s Abendessen 40	*evening meal*
r Alkohol 42	*alcohol*
e Anzeige, -n 41	*advert*
r Apfel, - 37, 41	*apple*
s Bier 33	*beer*
e Bohne, -n 37	*bean*
s Brot, -e 33, 35	*bread*
s Brötchen, - 35	*bread roll*
e Butter 33, 35, 37	*butter*
e Dose, -n 35	*tin, can*
s Ei, -er 33, 35, 41	*egg*
r Einkaufszettel 41	*shopping list*
s Eis 35, 37	*ice cream*
e Erdbeere, -n 41	*strawberry*
s Export 42	type of *lager (beer)*
r Fisch, -e 33, 35	*fish*
e Flasche, -n 35, 41	*bottle*
s Fleisch 33, 36, 37	*meat*
e Frage, -n 40	*question*
e Frucht, ˚e 37, 41	*fruit*
s Frühstück 41	*breakfast*

e Gabel, -n 33	*fork*
r Gasthof, ˚e 37	*pub/restaurant*
s Gemüse 33, 35	*vegetable*
s Gericht, -e 37, 40	*dish, meal*
s Gespräch, -e 37	*conversation*
s Getränk, -e 37	*drink*
s Gewürz, -e 41	*spice*
s Glas, ˚er 33, 35, 41	*glass, jar*
s Gramm 41	*gram*
s Hähnchen 35, 37	*chicken*
r Kaffee 35	*coffee*
e Kartoffel, -n 35, 37, 41	*potato*
r Käse 36, 41	*cheese*
s Kilo, -s 41	*kilogram*
e Kiste, -n 41	*crate, box*
s Kotelett, -s 35, 36	*chop*
r Kuchen 33, 35	*cake*
e Limonade, -n 37, 42	*lemonade*
r Liter, 41	*litre*
r Löffel, - 33	*spoon*
e Mark 39	German currency
e Marmelade, -n 35, 41	*jam*
s Mehl 41	*flour*
s Messer, - 33	*knife*
e Milch 33, 35, 41	*milk*
s Mineralwasser 35, 41	*mineral water*
r Nachtisch, -e 37	*dessert*
s Öl, -e 41	*oil*
e Packung, -en 41	*bag, packet*
r Pfeffer 41	*pepper*
s Pfund 41	*half a kilo*
r Preis, -e 39	*price*
r Reis 33	*rice*
r Rotwein, -e 37	*red wine*
r Saft, ˚e 35, 37	*juice*
e Sahne 37	*cream*
r Salat 35, 37	*salad*
r Schinken, 37, 41	*ham*
r Schnaps, ˚e 35	a kind of clear spirit
e Schokolade, -n 41	*chocolate*

e Soße, -n 40 — *gravy, sauce*
e Speisekarte, -n 37 — *menu*
s Steak, -s 36, 37 — *steak*
e Suppe, -n 35, 37 — *soup*
e Tasse, -n 35 — *cup*
r Tee, -s 35, 36 — *tea*
r Teller, - 33, 37 — *plate, platter*
e Tomate, -n 41 — *tomato*
e Vorspeise, -n 40 — *starter*
e Wäsche 41 — *laundry*
r Weißwein, -e 37 — *white wine*
e Wurst, ⁼e 35, 37 — *sausage, cooked meat*

r Zettel, - 41 — *piece of paper*
r Zucker 41 — *sugar*
e Zwiebel, -n 37 — *onion*

adjectives

billig 41 — *cheap*
bitter 40 — *bitter*
dunkel 42 — *dark*
eng 42 — *narrow*
fett 40 — *fatty*
frisch 40 — *fresh*
groß 42 — *big, tall*
grün 42 — *green*
hart 40 — *hard*
hell 42 — *light*
hoch 42 — *tall*
kalt 37, 40 — *cold*
mild 42 — *mild*
nah 41 — *near*
normal 42 — *normal*
fantastisch 40 — *fantastic*
rot 42 — *red*
salzig 40 — *salty*
sauer 40 — *sour*
scharf 40 — *hot, spicy*
schlank 42 — *slim*
stark 42 — *strong*
süß 40, 42 — *sweet*
trocken 40 — *dry*
typisch 42 — *typical*

warm 40 — *warm*
wichtig 42 — *important*

adverbs

abends 35 — *in the evening*
am liebsten 42 — *(to like) best*
besonders 42 — *especially*
danach 37 — *afterwards*
dann 37, 41, 42 — *then*
fast 42 — *almost*
ganz 41 — *here: very*
genug 42 — *enough*
gern 36, 38, 42 — *to like (doing something)*

getrennt 39 — *separate*
lieber 38 — *(to like) better*
manchmal 36 — *sometimes*
mittags 35 — *at lunchtime*
morgens 35 — *in the morning*
nachmittags 35 — *in the afternoon*
natürlich 42 — *naturally*
nur 42 — *only*
oben 42 — *here: at the top*
oft 36 — *often*
sofort 42 — *at once*
überall 42 — *everywhere*
unten 42 — *here: at the bottom*
verschieden 42 — *different*
vor allem 42 — *above all*
vorwiegend 42 — *predominantly*
zuerst 37 — *first*
zusammen 39 — *together*

function words

alle 42 — *all*
als 37, 40 — *here: for*
etwas 40, 42 — *here: a little*
jeder 42 — *every*
mit 37 — *with*
pro 42 — *per*
viel 42 — *much, a lot*

Lektion 3

viele 42	*many*	Schmeckt der Fisch?	*Do you like the fish?*
welch-? 43	*which*	es gibt 42	*there is, there are*
zu 40	here: *too*	Das stimmt so. 39	*Keep the change.*

expressions

Das macht 25 Mark. 39	*That's 25 marks.*

abbreviations

g s Gramm 41	*gram*
kg s Kilogramm 41	*kilogram*

Grammar

1. Nouns and articles in the accusative case (§ 2 p.128 , 6b p. 130)

In Chapter 2 you learnt that German nouns have genders and cases and that the nominative case is used for the subject of the sentence. The case you are now introduced to is the accusative, which is used for the direct object of the sentence. This shows who or what is affected by the action of the subject.

Franz Kaiser isst einen Hamburger.
Clara Mai trinkt kein Bier.
Ich mag den Wein nicht.
Der Kellner bedient Frau Zöllner.

Verbs which are followed by an accusative object are called transitive verbs.
When asking for the accusative object you use the interrogative pronouns „was?" (for things) and „wen?" (for people) which correspond to the English *what* and *whom*.

Remember: English people tend not to distinguish between *who* and *whom*. *Who* is frequently used where *whom* would be grammatically correct.

○ Was isst Franz Kaiser?   ☐ Einen Hamburger.
○ Wen bedient der Kellner?   ☐ Frau Zöllner.

The articles in the nominative and accusative cases are identical with the exception of the masculine ones. This shows you how important it is to know the gender of the nouns. Otherwise you cannot form the accusative correctly.

	definite article	indefinite article		possessive article	
		positive	negative		
der	den Stuhl	einen Stuhl	keinen Stuhl	meinen/deinen seinen/ihren Ihren	Stuhl
die	die Lampe	eine Lampe	keine Lampe	meine/deine seine/ihre Ihre	Lampe
das	das Regal	ein Regal	kein Regal	mein/dein sein/ihr Ihr	Regal
plural	die | Stühle Lampen | Regale	Stühle Lampen | Regale	keine | Stühle Lampen | Regale	meine/deine seine/ihre Ihre	Stühle Lampen | Regale

Lektion 3

1.1. Exercise:

Nominative or accusative case? Add the definite articles or the appropriate endings of the indefinite or possessive articles if necessary.

a) _____ Kamera funktioniert nicht.

b) Ist das dein _____ Bier?

c) Ich bezahle dein _____ Bier.

d) Er bestellt ein _____ Schweinebraten.

e) _____ Schweinebraten schmeckt gut.

f) Clara Mai mag kein _____ Bier.

g) Abends trinke ich gern ein _____ Bier.

h) Wer bekommt _____ Rindersteak?

i) Ich bezahle dein _____ Kaffee.

j) Dein _____ Kaffee ist schon kalt.

k) Ich kaufe ein _____ Joghurt.

2. Measurement nouns (§ 8 p. 131)

Nouns dending substances, e.g. food and drinks (water, sugar, soup) are non-countable. For expressing an amount you therefore have to use specific measurement nouns, e.g. Flasche (bottle), Glas (glass, jar), Kilo, Liter, etc.

Ich möchte <u>eine Tasse</u> Kaffee.	I would like a cup of coffee.
Kauf bitte <u>2 Liter</u> Milch.	Please buy 2 litres of milk.
Was kostet <u>ein Kilo</u> Zucker?	How much is a kilo of sugar?

Remember: In English the substance is preceded by *of* (e.g. a cup of coffee). This is not the case in German. The measurement noun is followed directly by the substance (eine Tasse Kaffee).

Remember: Only feminine measurement nouns (other than *die Mark*) take the plural form.

eine Dose Cola	zwei Dosen Cola
eine Flasche Wein	zwei Flaschen Wein
eine Kiste Bier	zwei Kisten Bier
eine Tasse Tee	zwei Tassen Tee
eine Packung Kaffee	zwei Packungen Kaffee
but:	
eine Mark	zwei Mark
ein Teller Suppe	zwei Teller Suppe
ein Liter Milch	zwei Liter Milch
ein Stück Kuchen	zwei Stück Kuchen
ein Glas Saft	zwei Glas Saft
ein Kilo Tomaten	zwei Kilo Tomaten
ein Pfund Schinken	zwei Pfund Schinken
ein Gramm	100 Gramm Käse

3. Verbs with vowel change (§ 23 p. 138)

In German there are different groups of verbs. One group is totally regular, as shown in Chapter 1, 1.3. (wohnen, arbeiten, heißen), one is irregular (haben, sein). A third group consists of verbs whose stem changes in the second (du) and third person (er, sie, es, wer?, was?) singular in the present tense. The first person singular (ich) and all plural forms have no vowel change. All the endings, however, are regular.

In the course of this book you will come across a lot of verbs in this group.

	fahren	waschen	essen	nehmen	sprechen
ich	fahre	wasche	esse	nehme	spreche
du	fährst	wäschst	isst	nimmst	sprichst
er, sie, es	fährt	wäscht	isst	nimmt	spricht
wir	fahren	waschen	essen	nehmen	sprechen
ihr	fahrt	wascht	esst	nehmt	sprecht
sie, Sie	fahren	waschen	essen	nehmen	sprechen

4. The irregular verb *mögen* (§ 24 p.138)

ich mag   du magst   er, sie, es mag   the plural is regular

5. Sentence structures (§ 33 p. 141, § 35 p. 142)

In the first chapter you learnt the basic construction of a German sentence. In this chapter you are introduced to two possible ways of expanding a sentence: by either adding a second verb or a qualifier or both.

5.1. Sentences with accusative object and qualifiers

Vorfeld preverbal position	Verb 1 verb 1	Subjekt subject	Angabe qualifiers	Ergänzung complement
Franz	isst			einen Hamburger.
Franz	isst		abends	einen Hamburger.
Abends	isst	Franz		einen Hamburger.
Einen Hamburger	isst	Franz	abends.	

Accusative objects can either take the position of the complement or the preverbal position. Qualifiers are expressions which provide additional information about the basic sentence as you can see from the examples above. A qualifier can also take the preverbal position. The examples also demonstrate that any part of the sentence with the exception of the verb can take the preverbal position. The rule of thumb for the time being is: the idea which has already been mentioned (and to which another idea is added) or the idea which you would like to emphasise takes the preverbal position.

Lektion 3

5.2. Sentences with modal verbs

Vorfeld preverbal position	Verb 1 verb 1	Subjekt subject	Angaben qualifiers	Ergänzung complement	Verb 2 verb 2
Ich	möchte			ein Eis	essen.
Ich	möchte		als Nachtisch	ein Eis	essen.
Als Nachtisch	möchte	ich		ein Eis	essen.
Ein Eis	möchte	ich	als Nachtisch		essen.

In this chapter you have come across the verb *möchten*. It expresses a wish and belongs to a new group of verbs, called modal verbs. Modals are used together with the infinitive of another verb, which can be omitted if it is implied by the context, e.g. Ich möchte eine Cola. „Trinken" is implied. The conjugated modal takes the verb position which will be called verb 1 from now on, the complementary verb in the infinitive takes the end position which will be called verb 2 from now on. The two verbs form a bracket around all parts of the sentence with the exception of the one in the preverbal position. This is a typical feature of German sentence construction.
Möchten is an important verb. Therefore learn its conjugation well.

ich	du	er, sie, es	wir	ihr	sie, Sie
möchte	möchtest	möchte	möchten	möchtet	möchten

5.3. The imperative (§ 26 p. 139, § 34 p. 141)

The imperative is used to express a command, a request or a piece of advice. If you use *du* to address a person the imperative is derived from the second person singular: the personal pronoun *du* and the verb ending *-st* are omitted. Verbs with a vowel change from a to *ä* revert to the original stem vowel *a*.

du: du trinkst   →   trink!   du fährst   →   fahr!

If you use *Sie* to address one person or several people the imperative is derived from the formal *Sie*-form. The personal pronoun *Sie* is merely positioned behind the verb which does not change.

Sie: Sie trinken   →   trinken Sie!   Sie fahren   →   fahren Sie!

Bitte can be used to make the sentence sound more friendly.
The table below shows that an imperative sentence always starts with the verb. The preverbal position remains vacant (empty).

Vorfeld preverbal position	Verb verb	Subjekt subject	Angabe qualifiers	Ergänzung complement
	Nimm		doch noch	etwas Fleisch!
	Nimm		doch bitte noch	etwas Fleisch!
	Nehmen	Sie	doch noch	etwas Fleisch!

5.4. Exercise:

What does the teacher say? Please write imperative sentences.

a) den Dialog hören _____, Antonia!
b) die Grammatik üben _____, Herr Sanchez!
c) das Wort ergänzen _____, Frau Otani!
d) die Anzeige lesen _____, Herr Abel und Herr Koch!
e) einen Dialog schreiben _____, Pavlo!
f) den Kugelschreiber nehmen _____, Katja!
g) lauter sprechen _____, Maria!

6. Adverbs

6.1. Ja, nein, doch

Möchtest du Kartoffeln?   Ja. (Ich möchte Kartoffeln.)
                                 Nein. (Ich möchte keine Kartoffeln.)

Möchtest du keine Kartoffeln?   Doch. (Ich möchte Kartoffeln.)
                                 Nein. (Ich möchte keine Kartoffeln.)

The English *yes* has two equivalents in German: *ja* and *doch*. When replying *yes* to a negative question you must use *doch*. *Ja* would be wrong.

6.2. Exercise

a) Trinken Sie kein Bier?   _____, ich trinke gern Bier.
b) Möchtest du einen Kaffee?   _____ danke, lieber einen Tee.
c) Wohnen Sie nicht in Berlin?   _____, in Dresden.
d) Ist das Herr Müller?   _____, das ist er.
e) Isst du nicht gerne Fleisch?   _____, ich esse sehr gerne Fleisch.

6.3. Gern(e), lieber

Gern(e) is used to express that you like doing something.
Ich esse gern(e) Fisch.   I like (eating) fish.
Ich spiele gern(e) Klavier.   I like playing the piano.
Lieber is the comparative (see chapter 9) of *gern* and is used to express that you like something better or prefer something.
Trinkst du gern Tee?   Nein, ich trinke lieber Kaffee.
Do you like (drinking) tea?   No, I prefer (drinking) coffee.

7. Particle: doch

doch – used to express encouragement
Nehmen Sie **doch** noch etwas Fisch.   Why don't you have a bit more fish?

Lektion 3

1. Ein Wortspiel mit Nomen. Schreiben Sie wie im Beispiel.

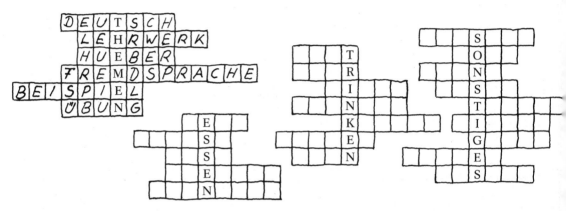

ABEND ~~BEISPIEL~~ ~~FREMDSPRACHE~~ WEIN KÄSE LÖFFEL MESSER TASSE
BIER ~~DEUTSCH~~ GABEL GEMÜSE KAFFEE MILCH TELLER
DOSE FLEISCH HÄHNCHEN WASSER MITTAG SAFT ~~ÜBUNG~~
FLASCHE ~~HUEBER~~ ~~LEHRWERK~~ REIS SCHNAPS

2. Schreiben Sie.

Was essen die Leute?

a)   b)   c)   d)

a) die Mutter und der Sohn

*Die Mutter isst ein Hähnchen mit Kartoffelsalat
und trinkt ein Bier.
Der Sohn*

b) der Vater und die Tochter

Der Vater isst

c) das Paar, er und sie   d) die Frau

3. Schreiben Sie.

Nach Übung

3

im Kursbuch

Was essen und trinken Franz, Clara und Thomas gern? Was mögen sie nicht?

	isst trinkt	gern			mag	keinen kein keine
Franz		Hamburger Pizza Eis Pommes frites Cola		Salat Käse Bier Wein Schnaps		
Clara		Obst Fisch Marmeladebrot Wein		Eis Wurst Kuchen Pommes frites Bier		
Thomas		Bier Wein Wurst Kartoffeln Fleisch		Wasser Fisch Reis		

a) Franz: *Er isst gern*
und er trinkt gern
Aber er mag keinen Salat,

b) Clara: c) Thomas: ...

4. Drei Antworten sind richtig. Welche?

Nach Übung

4

im Kursbuch

a) Was ist zum Beispiel leer?
- Ⓐ eine Flasche
- Ⓑ eine Batterie
- Ⓒ ein Foto
- Ⓓ ein Bett

b) Was ist zum Beispiel alle?
- Ⓐ die Leute
- Ⓑ das Geld
- Ⓒ die Kartoffeln
- Ⓓ das Bier

c) Was ist zum Beispiel neu?
- Ⓐ Möbel
- Ⓑ eine Telefonnummer
- Ⓒ eine Idee
- Ⓓ Kinder

d) Was ist zum Beispiel gut?
- Ⓐ der Familienstand
- Ⓑ der Nachtisch
- Ⓒ die Antwort
- Ⓓ die Gläser

e) Was ist zum Beispiel kaputt?
- Ⓐ eine Adresse
- Ⓑ eine Kassette
- Ⓒ ein Fernsehgerät
- Ⓓ ein Teller

f) Was ist zum Beispiel frei?
- Ⓐ der Tisch
- Ⓑ der Haushalt
- Ⓒ das Regal
- Ⓓ der Stuhl

Lektion 3

5. Ordnen Sie die Adverbien.

| meistens | ~~nie~~ | ~~selten~~ | manchmal | immer | oft |

a) _____ b) _____ c) _____ d) _____ e) *selten* f) *nie* _____

100%   50%   0%

6. Wer möchte was? Schreiben Sie.

Familie Meinen isst im Schnellimbiss.

a) Herr Meinen möchte   b) Frau Meinen möchte   c) Michael möchte   d) Sonja möchte

eine Gemüsesuppe _____   _____   _____

_____   _____   _____   _____

7. Was passt nicht?

a) Kaffee – Tee – Milch – Suppe – Mineralwasser
b) Braten – Hähnchen – Gemüse – Kotelett – Steak
c) Glas – Flasche – Teller – Tasse – Kaffee
d) Gabel – Löffel – Messer – Tasse
e) Tasse – Gabel – Glas – Teller
f) Bier – Brot – Salat – Steak – Eis
g) Hamburger – Hauptgericht – Käsebrot – Bratwurst – Pizza
h) Weißwein – Apfelsaft – Mineralwasser – Eis – Limonade
i) morgens – abends – nachmittags – mittags – immer
j) immer – oft – mittags – manchmal – meistens

8. Ordnen Sie und tragen Sie unten ein.

Nach Übung

6

im Kursbuch

Bratwurst Gemüsesuppe Eis Schweinebraten Rindersteak Hähnchen Schwarzbrot
Apfelkuchen Wurst Salatteller Kalter Braten Rindfleischsuppe Zwiebelsuppe
Obst Fischplatte Früchtebecher Weißbrot

	Fleisch	kein Fleisch
kalt		
warm		

9. Was passt? Schreiben Sie.

Nach Übung

7

im Kursbuch

a) Kaffee : Tasse / Bier : _____
b) Tee : trinken / Suppe : _____
c) Rindersteak : Rind / Kotelett : _____
d) Pizza : essen / Milch : _____
e) Kuchen : Sahne / Pommes frites : _____
f) Apfel : Obst / Kotelett : _____
g) ich : mein / du : _____
h) 8 Uhr : morgens / 20 Uhr : _____
i) kaufen : Geschäft / essen : _____
j) Eis : Nachtisch / Rindersteak : _____

10. Was stimmt hier nicht? Schreiben Sie die richtigen Wörter.

Nach Übung

7

im Kursbuch

a) der *Schweine*saft   *der Orangensaft*
b) das *Nach*gericht _____
c) das *Orangen*brot _____
d) die *Apfel*wurst _____
e) der *Schwarz*kuchen _____
f) der *Kartoffel*braten _____
g) das *Brat*steak _____
h) der *Haupt*tisch _____
i) der *Zwiebel*wein _____
j) der *Rinder*salat _____
k) die *Rot*suppe _____

Lektion 3

Nach Übung

8

im Kursbuch

11. Wer sagt das? Der Kellner, der Gast oder der Text?

a) Ein Glas Wein, bitte.

b) Einen Apfelsaft, bitte.

c) Herr Ober, wir möchten bestellen.

d) Die Gäste bestellen die Getränke.

e) Und Sie, was bekommen Sie?

f) Einen Schweinebraten mit Pommes frites. Geht das?

g) Bitte, was bekommen Sie?

h) Er nimmt eine Zwiebelsuppe und einen Rinderbraten.

i) Der Kellner bringt die Getränke.

j) Ja natürlich. Und was möchten Sie trinken?

k) Der zweite Gast nimmt den Schweinebraten und den Apfelsaft.

l) Ich nehme eine Zwiebelsuppe und einen Rinderbraten.

m) Und was möchten Sie trinken?

Kellner	Gast	Text
	✓	
		✓

Nach Übung

10

im Kursbuch

12. Machen Sie Dialoge.

Zusammen?   Ja, die ist sehr gut.   Ja, richtig.

Nein, getrennt.   Eine Flasche Mineralwasser.

Gibt es eine Gemüsesuppe?

Was ~~bekommen~~ Sie?

Das macht 27 Mark 60. – Und Sie bezahlen den Wein und die Gemüsesuppe?

Und was möchten Sie trinken?

~~Bezahlen~~ bitte!

Das Rindersteak und das Mineralwasser.

Und was bekommen Sie?   Mit Kartoffeln.

Was bezahlen Sie?

Dann bitte eine Gemüsesuppe und ein Glas Wein.

Ein Rindersteak, bitte.

Mit Reis oder Kartoffeln?   Zehn Mark 90, bitte.

a) ○ *Was bekommen Sie?*
   □ _____
   ○ …
   □ …

b) ○ *Bezahlen bitte!*
   □ _____
   ○ …
   □ …

13. Schreiben Sie.

a) ○ *Bekommen Sie das Hähnchen?*
   □ *Nein, ich bekomme den Fisch.*

b) Obstsalat – Eis mit Sahne

c) Wein – Bier

d) Eis – Kuchen

e) Suppe – Käsebrot

f) Fisch – Kotelett

g) Kaffee – Tee

h) Kartoffeln – Reis

i) Hamburger – Fischplatte

14. „nicht", „kein" oder „ein"? Ergänzen Sie.

a) ○ Wie ist die Suppe?   □ Die schmeckt ___*nicht*___ gut.

b) ○ Möchtest du _____ Bier?   □ Weißt du das _____? Ich trinke doch _____ Alkohol.

c) ○ Gibt es noch Wein?   □ Nein, wir haben _____ Wein mehr, nur noch Bier.

d) ○ Nehmen Sie doch noch etwas.   □ Nein danke, ich möchte _____ Fleisch mehr.

e) ○ Möchten Sie _____ Kotelett?   □ Nein danke, Schweinefleisch esse ich _____.

f) ○ Und jetzt noch _____ Teller Suppe!   □ Nein danke, bitte _____ Suppe mehr.

g) ○ Und zum Nachtisch dann _____ Schnaps?   □ Nein danke, _____ Schnaps, lieber _____ Eis.

h) ○ Ich heiße Lopez Martinez Camegeo.   □ Wie bitte, ich verstehe Sie _____.

15. Was können Sie auch sagen?

a) Ich nehme einen Wein.
   Ⓐ Ich bezahle einen Wein.
   Ⓑ Ich trinke einen Wein.
   Ⓒ Einen Wein, bitte.

b) Was möchten Sie?
   Ⓐ Bitte schön?
   Ⓑ Was bekommen Sie?
   Ⓒ Was bezahlen Sie?

c) Bitte bezahlen!
   Ⓐ Getrennt bitte.
   Ⓑ Wir möchten bitte bezahlen.
   Ⓒ Und was bezahlen Sie?

d) Wie schmeckt die Suppe?
   Ⓐ Schmeckt die Suppe nicht?
   Ⓑ Schmeckt die Suppe?
   Ⓒ Wie ist die Suppe?

e) Das kostet 8,50 DM.
   Ⓐ Ich habe 8,50 DM.
   Ⓑ Ich bezahle 8,50 DM.
   Ⓒ Das macht 8,50 DM.

f) Essen Sie doch noch etwas Fleisch!
   Ⓐ Gibt es noch Fleisch?
   Ⓑ Nehmen Sie doch noch etwas Fleisch!
   Ⓒ Es gibt noch Fleisch. Nehmen Sie doch noch etwas!

g) Vielen Dank.
   Ⓐ Danke.
   Ⓑ Bitte schön.
   Ⓒ Danke schön.

h) Danke, ich habe genug.
   Ⓐ Danke, ich bin satt.
   Ⓑ Danke, ich möchte nicht mehr.
   Ⓒ Danke, der Fisch schmeckt sehr gut.

Nach Übung

14

im Kursbuch

16. Ihre Grammatik. Ergänzen Sie.

	antworten	fahren	essen	nehmen	mögen
ich	antworte	fahre	esse	nehme	mag
du	antwortest	fährst	isst	nimmst	magst
Sie	antworten	fahren	essen	nehmen	mögen
er/es/sie	antwortet	fährt	isst	nimmt	mag
wir	antworten	fahren	essen	nehmen	mögen
ihr	antwortet	fahrt	esst	nehmt	mögt
Sie	antworten	fahren	essen	nehmen	mögen
sie	antworten	fahren	essen	nehmen	mögen

Nach Übung

14

im Kursbuch

17. Ergänzen Sie.

trinken,   sein,   schmecken,   nehmen,   essen,   mögen

a) ○   Was *nimmst* du denn?
b) □   Ich _____ einen Fisch.
c) ○   Fisch? Der _____ aber nicht billig.
d) □   Na ja, aber er _____ gut.
e)   Was _____ du denn?
f) ○   Ich _____ ein Hähnchen.
g) □   Hähnchen? Das _____ du doch nicht.
h)   _____ doch lieber ein Kotelett!
i) ○   Das _____ Schweinefleisch, und
j)   Schweinefleisch _____ ich nie.
k) □   Und was _____ du?
l) ○   Ich _____ ein Bier.
m) □   Und ich _____ einen Orangensaft.

18. Was passt zusammen?

Nach Übung

14

im Kursbuch

A	Wer möchte noch ein Bier?	1	Vielen Dank.
B	Möchtest du noch Kartoffeln?	2	Nicht so gern, lieber Kartoffeln.
C	Haben Sie Gemüsesuppe?	3	Ich, bitte.
D	Das schmeckt sehr gut.	4	Danke, sehr gut.
E	Wie schmeckt es?	5	13,70 DM.
F	Isst du gern Reis?	6	Ich glaube, Zwiebelsuppe.
G	Wieviel macht das?	7	Doch, das Fleisch ist fantastisch.
H	Schmeckt es nicht?	8	Nein, die ist zu scharf.
I	Ist das Rindfleisch?	9	Nein danke, ich bin satt.
J	Was gibt es zum Abendbrot?	10	Nein, Schweinefleisch.
K	Schmeckt die Suppe nicht?	11	Nein, aber Zwiebelsuppe.

A	B	C	D	E	F	G	H	I	J	K
3										

19. Schreiben Sie zwei Dialoge.

Nach Übung

15

im Kursbuch

Pichelsteiner Eintopf. Das ist Schweinefleisch mit Kartoffeln und Gemüse.

Ja, noch etwas Fleisch und Gemüse, bitte!

Möchten Sie noch mehr?

Der Eintopf schmeckt wirklich gut.

Wie schmeckt's?

Danke, Ihnen auch.

Nehmen Sie doch noch einen.

Guten Appetit!   Danke, sehr gut. Wie heißt das?

Danke. Ein Strammer Max ist genug.   Guten Appetit!

Strammer Max. Brot mit Schinken und Ei.

Schmeckt's?   Ja, fantastisch. Wie heißt das?

Danke.   Das schmeckt wirklich gut.

a) ○ *Guten Appetit!*
   □ *Danke.*
   ○ *Wie*
   □ ...

b) ○ *Guten Appetit!*
   □ *Danke, Ihnen auch.*
   ○ *Schmeckt's?*
   □ *Ja,*
   ○ ...

Lektion 3

Nach Übung

16

im Kursbuch

20. Ergänzen Sie.

a) Ich esse den Kuchen. *Er* macht dick, aber *er* schmeckt gut.
b) Den Wein trinke ich nicht. _____ ist zu trocken.
c) Die Limonade trinke ich nicht. _____ ist zu warm.
d) Ich esse das Steak. _____ ist teuer, aber _____ schmeckt gut.
e) Die Marmelade esse ich nicht. _____ ist zu süß, und _____ macht dick.
f) Ich trinke gern Bier. _____ schmeckt gut, und _____ ist nicht so teuer.
g) Die Kartoffeln esse ich nicht. _____ sind kalt.
h) Der Salat schmeckt nicht. _____ ist zu salzig.

Nach Übung

16

im Kursbuch

21. Welche Antwort passt?

a) Essen Sie gern Fisch?
   Ⓐ Nein, ich habe noch genug.
   Ⓑ Ja, aber Kartoffeln.
   Ⓒ Ja, sehr gern.

b) Was möchten Sie trinken?
   Ⓐ Eine Suppe bitte.
   Ⓑ Einen Tee.
   Ⓒ Lieber einen Kaffee.

c) Möchten Sie den Fisch mit Reis?
   Ⓐ Lieber das Steak.
   Ⓑ Ich nehme lieber Fisch.
   Ⓒ Lieber mit Kartoffeln.

d) Bekommen Sie das Käsebrot?
   Ⓐ Nein, ich bekomme ein Hähnchen.
   Ⓑ Ja, das trinke ich.
   Ⓒ Ja, das habe ich.

e) Nehmen Sie doch noch etwas!
   Ⓐ Ja, ich bin satt.
   Ⓑ Nein danke, ich habe genug.
   Ⓒ Es schmeckt fantastisch.

f) Die Suppe ist fantastisch.
   Ⓐ Vielen Dank.
   Ⓑ Ist die Suppe gut?
   Ⓒ Die Suppe schmeckt wirklich gut.

Nach Übung

17

im Kursbuch

22. Was passt?

		a) Milch	b) Joghurt	c) Aufschnitt	d) Pizza	e) Obst	f) Bier	g) Spülmittel	h) Öl	i) Zucker	j) Fleisch	k) Zwiebeln	l) Kuchen	m) Marmelade	n) Kaffee	o) Tomaten	p) Kartoffeln
A	Flasche																
B	Glas																
C	Dose																
D	Kiste																
E	500 Gramm																
F	ein Pfund/Kilo																
G	ein Liter																
H	ein Stück																

23. Schreiben Sie.

Nach Übung
17
im Kursbuch

a) *achtundneunzig* — 98

b) _____ sechsunddreißig — **36**

c) _____ 23

d) _____ 149

e) _____ 777

f) _____ 951

g) _____ dreihundertzweiundachtzig — *382*

h) _____ 565

i) _____ 250

j) _____ 500

24. Tragen Sie die folgenden Sätze in die Tabelle ein.

Nach Übung
19
im Kursbuch

a) Ich trinke abends meistens eine Tasse Tee.
b) Abends trinke ich meistens Tee.
c) Tee trinke ich nur abends.
d) Meine Kinder möchten Landwirte werden.

e) Markus möchte für Inge ein Essen kochen.
f) Was möchten Sie?
g) Das Brot ist alt und hart.
h) Ich bin jetzt satt.

	Vorfeld	Verb₁	Subj.	Angabe	Ergänzung	Verb₂
a)	*Ich*	*trinke*		*abends meistens*	*eine Tasse Tee.*	
b)	*Abends*				*Tee*	
c)						
d)		*möchten*				
e)						
f)						
g)						
h)						

25. Suchen Sie Wörter aus Lektion 3. Es sind 38. Wie viele finden Sie in zehn Minuten?

Nach Übung
21
im Kursbuch

A X S E C U X A N M A R M E L A D E O A D K A F F E E D G B O H N E N K
S A F T G V B D O I K E E L Ö S N C B G X U L K O H H A A X B F P M Q Ö
T C B F H G A B E L J I S X F M Y F V P B C K V N X B W A S S E R Q A L
E I R L S J W U H C I S S M F G K I P A Q H Ä H N C H E N F T F R D O S
A T O Z A L N T G H E D E V E E C S U P P E S J U W I I E J Y B B O C C
K O T E L E T T P I L S R B L M K C Z F H N E K D E G N A C H T I S C H
B E X P O R T E T L I A Z I V Ü F H D E I S L M E H L D W E Z S D E N U
W U R S T O E R I N D F L E I S C H S L T M Y Ö L V C R M X Z U C K E R
M W P R S E F W A U I E Y R V E G J E H L F U K N T G L Z T H J U D A T
A L T B I E R A N Y T Á R T A N D E M A ß D R U G E E W E I S S B I E R

Lektion 4

Vocabulary

verbs

anfangen	to start, to begin
anziehen	to put on (clothes)
aufhören	to stop (doing sth)
aufmachen	to open
aufräumen	to tidy up
aufstehen	to get up
bedienen	to wait on, to serve
beschreiben	to describe
besuchen	to visit
bringen	to bring
dürfen	to be allowed to
duschen	to have a shower
einkaufen	to shop
einladen	to invite
faulenzen	to laze about
feiern	to celebrate
fernsehen	to watch TV
fotografieren	to take photos
frühstücken	to have breakfast
holen	to get, to fetch
kontrollieren	to check
können	can
messen	to measure
mitbringen	to bring along
mitkommen	to come along
müssen	must, to have to
ordnen	here: to arrange
Rad fahren	to cycle
rauchen	to smoke
schlafen	to sleep
schneiden	to cut
schwimmen	to swim
sehen	to see
spazieren gehen	to go for a walk
stattfinden	to take place
stören	to disturb
tanzen	to dance
tauschen	to change, to exchange
treffen	to meet

vergessen	to forget
vergleichen	to compare
vorbereiten	to prepare
vorhaben	to have sth planned, to plan
zeichnen	to draw
zuhören	to listen to

nouns

r Abend, -e	evening
e Ansichtskarte, -n	picture postcard
e Arbeit, -en	work
r Ausflug, ¨e	outing
r Bäcker,	baker
e Bank, -en	bank
e Bar, -s	bar
e Bibliothek, -en	library
s Buch, ¨er	book
s Café, -s	coffee shop
e Diskothek, -en	disco
r Donnerstag, -e	Thursday
e Dusche, -n	shower
r Eintritt	entry
s Essen	meal
s Fernsehen	television
s Fieber	temperature, fever
r Film, -e	film
r Freitag, -e	Friday
e Freizeit	leisure time
e Frisörin, -nen	female hairdresser
r Frisör, -e	male hairdresser
r Gast, ¨e	guest
r Gruß, ¨e	greeting
r Juli	July
e Kellnerin, -nen	waitress
r Kellner, -	waiter
s Kino, -s	cinema
s Kleid, -er	dress
s Konzert, -e	concert
s Krankenhaus, ¨er	hospital

e Kranken-schwester, -n	*female nurse*	obligatorisch	*obligatory*
e Lehrerin, -nen	*female teacher*	spät	*late*
r Lehrer, -	*male teacher*	verboten	*forbidden*
e Mannschaft, -en	*team*		
e Maschine, -n	*machine,* here: *engine*		

adverbs

s Meer, -e	*sea*
r Mensch, -en	*man, human being, person*

heute	*today*
immer	*always*
meistens	*mostly*
morgen	*tomorrow*
nie	*never*
vielleicht	*perhaps*

r Mittag, -e	*midday*
s Mittagessen, -	*lunch, midday meal*
r Mittwoch, -e	*Wednesday*
r Montag, -e	*Monday*
e Musik	*music*
r Passagier, -e	*passenger*
e Pause, -n	*break*
s Restaurant, -s	*restaurant*
r Samstag, -e	*Saturday*
r Satz, ̈e	*sentence*
s Schild, -er	*sign*
s Schwimmbad, ̈er	*swimming pool*
e Situation, -en	*situation*
r Sonnabend, -e	*Saturday*
r Sonntag, -e	*Sunday*
r Spaziergang, ̈e	*walk*
r Tanz, ̈e	*dance*
e Torte, -n	*gateau*
e Uhrzeit, -en	*time (of day)*
r Verband, ̈e	*bandage*
s Viertel, -	*quarter*
r Vortrag, ̈e	*talk, speech*
e Wohnung, -en	*flat, apartment*
e Zeitung, -en	*newspaper*
e Zigarette, -n	*cigarette*

function words

auf	*on*
bis	*until*
gegen	*versus, against*
gegen	*around (time)*
jemand	*someone*
nach	here: *to*
von … bis	*from … until*
wann?	*when?*
warum?	*why?*
wie lange?	*how long?*
zwischen	*between*

adjectives

expressions

geöffnet	*open*
geschlossen	*closed*
herrlich	*wonderful, great*
leise	*quiet*
nächst-	*next*
nett	*nice*

Achtung!	*careful! attention!*
Betten machen	*to make the beds*
das nächste Mal	*next time*
ein Sonnenbad nehmen	*to sunbathe*
frei haben	*to have time off*
Herzliche Grüße	*kindest regards*
leid tun	*to be sorry*
lieber/liebe/liebes…	*dear …*
Lust haben	*to feel like, to want*
morgen früh	*tomorrow morning*
Pause machen	*to take a break*
Schön.	here: *all right*
Tschüs!	*See you!*

Lektion 4

Grammar

ex.
3
8
9
23
25

1. Modal verbs (§ 25 p. 139, § 35 p. 142)

In Chapter 3 you learnt the modal verb *möchten* and the word order of sentences with modal verbs. In this chapter you are introduced to three more modal verbs: *dürfen, können, müssen.*

	dürfen	können	müssen
ich	darf	kann	muss
du	darfst	kannst	musst
er, sie, es	darf	kann	muss
wir	dürfen	können	müssen
ihr	dürft	könnt	müsst
sie, Sie	dürfen	können	müssen

They are also used together with the infinitive of another verb.

dürfen is used to express that something is allowed, or when used in the negative that something is forbidden.

Sie dürfen hier rauchen. You are allowed to (you may) smoke here.

Sie dürfen hier nicht rauchen. You must not smoke here.

können is used
1. to express that something is possible.
Hier kann man Bücher lesen. You can (it is possible to) read here.
2. to express that someone is able to do something.
Peter kann gut lesen. Peter can (is able to) read well.
3. to express that something is permitted.
Kann ich fernsehen? Can I (am I allowed to) watch television?
können therefore corresponds to the English *can*.

müssen is used to express an obligation or a necessity.
Eva muss um 7 Uhr aufstehen. Eva must (has to) get up at 7 o'clock.
When used in the negative it expresses that there is no obligation or necessity.
Du musst nicht einkaufen gehen. Wir haben noch genug Brot.
You don't have to (need not) go shopping. We still have enough bread.

Remember: *nicht müssen* means *not to have to*. It does <u>not</u> mean *must not*.

möchten: is used to express a wish.
Ich möchte gern bestellen I would like to order.

1.1. Exercise:

Please translate the following sentences into German using the verbs *müssen* und *dürfen*.

a) Manuela has to get up at 7 o'clock. _____

b) Ilona is going for a walk. She does not have to work. _____

c) Monika is asleep. You must not disturb her. _____

d) Dad, can I go swimming? _____

e) Willi must also work in the evenings. _____

f) You must not smoke here. _____

2. Sentence structures

2.1. Separable verbs (§ 27 p. 139, § 36 p. 142)

ex.
7
12

Some German verbs are made up of two parts: a prefix and a verb, e.g.:

anfangen	einkaufen	mitkommen	vorbereiten
aufstehen	fernsehen	stattfinden	zuhören

These verbs are called separable because when used in a sentence they separate into two parts. The conjugated verb takes the position verb 1, the prefix takes the position verb2 at the end of the sentence. Again a bracket is formed as in the construction with the modal verbs (see chapter 3, 5.2).

preverbal position	verb 1	subject	qualifiers	complement	verb 2
Wann	fängt	der Kurs			an?
Sie	steht		um acht Uhr		auf.
Hier	kaufen	wir	immer		ein.
Er	bereitet			das Frühstück	vor.

When separable verbs are used in the infinitive, e.g. in conjunction with a modal verb, they do not separate.

preverbal position	verb 1	subject	qualifiers	complement	verb 2
Ich	möchte		heute		fernsehen.

There are also verbs with an inseparable prefix. Those you have already come across begin with be-, er-,ver-, e.g.:

bekommen	erzählen	verstehen

preverbal position	verb 1	subject	qualifiers	complement	verb 2
Was	bekommen	Sie?			
	Erzählen	Sie	bitte!		
Denise	versteht		gut	Deutsch.	

Lektion 4

2.2. Verbs as complements (§ 47 p. 146)

So far you have been introduced to sentences where the complement was a noun. There are, however, complements that are verbs. *Gehen* often has a verb as a complement.

preverbal position	verb 1	subject	qualifiers	complement	verb 2
Ich	gehe		gern	tanzen.	
Ich	möchte		gern	tanzen	gehen.
Ich	gehe		heute Abend	ein Bier trinken.	
Ich	möchte		heute Abend	ein Bier trinken	gehen.

Tanzen as the complement of *gehen* takes the complement position.
If there is a modal verb in addition to the two verbs *gehen* and *tanzen* the modal verb takes the position verb 1, *tanzen* remains in the complement position and *gehen* in the infinitive takes the position verb 2.

ex.
5
6

3. Verbs with vowel change (§ 23 p. 138)

In Chapter 3 you were introduced to verbs whose stem changes in the second (du) and third (er, sie, es) person singular in the present tense. Here are more verbs that belong to the same group.

infinitive	first person	second person	third person	plural
einladen	ich lade ein	**du lädst ein**	**er lädt ein**	. . .
fernsehen	ich sehe fern	**du siehst fern**	**er sieht fern**	. . .
lesen	ich lese	**du liest**	**er liest**	. . .
messen	ich messe	**du misst**	**er misst**	. . .
Rad fahren	ich fahre Rad	**du fährst Rad**	**er fährt Rad**	. . .
schlafen	ich schlafe	**du schläfst**	**er schläft**	. . .
sprechen	ich spreche	**du sprichst**	**er spricht**	. . .
treffen	ich treffe	**du triffst**	**er trifft**	. . .
vergessen	ich vergesse	**du vergisst**	**er vergisst**	. . .

4. Indefinite pronouns: man, jemand

The indefinite pronoun *man* is used if we want to make a general statement about everybody or an indefinite number of people. In English it is expressed by *one, they, you, people.*

In Deutschland trinkt man viel Bier.   In Germany people drink a lot of beer.
Hier kann man Geld tauschen.   You can change money here.
Man muss hier warten.   One has to wait here.

Man is always in the third person singular.
Jemand is used for a specific but unknown person, male or female. It is translated into English as *someone* or *somebody*.

Im Zimmer liest jemand ein Buch.   Somebody is reading a book in the room.

5. Telling the time

ex.
15
16
17
19
(21)

The following expressions are used when answering questions beginning with *wann?* (when?) or *um wieviel Uhr?* (at what time?).

Wann kommt er?

Um wieviel Uhr kommt er?

– Um sieben (Uhr).
– Heute Abend, heute Mittag, heute Morgen …
– Am Morgen, am Nachmittag, am Abend …
– Morgens, mittags, abends …
– Am Donnerstag, am Freitag …
– Donnerstags, montags, dienstags …
– Donnerstagnachmittag, Donnerstagabend …
– Heute, morgen, übermorgen …

Remember: *morgens, mittags, abends, donnerstags,* … are only used when referring to activities that happen regularly.

The following expressions are used when answering questions beginning with *wie lange?* (how long?).

Wie lange arbeitet er?

– Bis 16.00 Uhr, bis morgen, bis Montag …
– Von sieben bis zehn.
– Zwei Stunden, Tage, Monate, Jahre …
– Zwischen 9.00 und 10.00 Uhr.

6. Particles

So far you have come across the particles *denn* and *aber* (chapter 1) and *doch* (chapter 3). Spoken German is full of particles. They make the language livelier and more colourful and make it sound less harsh and impersonal.

Particles have many different meanings and their correct use is a constant challenge for the language learner. Grammatically they are not part of the sentence and could strictly speaking be omitted. That would, however, (slightly) change the tone of the sentence. If particles are used in a sentence they appear mostly directly after the conjugated verb or after the subject if used in a question.

Du sprichst **aber** gut Deutsch.

Wohin fährt Herr Müller **denn**?

aber	Sie sprechen **aber** schon gut Deutsch.	expression of astonishment, surprise
	Das ist **aber** verboten.	expression of reproach
also	○ Ich habe keine Lust. Vielleicht morgen.	
	□ **Also**, dann tschüs.	expression which sums up and ends a short conversation.

Lektion 4

dann ... eben	○ Hier darf man nicht rauchen.	
	□ Gut, **dann** höre ich **eben** auf.	expresses resigned acceptance of a situation
denn	Was machen Sie **denn** da?	implies a lively interest on the part of the questioner
doch	○ Hans kann nicht schwimmen.	
	□ Das stimmt **doch** nicht. Er kann schwimmen.	contradicts another speaker's negative statement
doch (mal)	Sag **doch (mal)**. Hast du heute abend schon was vor?	makes imperatives (requests) sound more friendly

6.1. Exercise:

Add the correct particles to the dialogue.

○ Wie heißen Sie?   □ Evans.

○ Wie ist _____ Ihr Vorname?   □ Gary.

○ Sie sind _____ Gary Evans.

○ Was machen Sie _____ da?   □ Ich rauche.

○ Das ist _____ verboten.   □ Gut, _____ höre ich

Sie sehen _____ das Schild.   _____ auf.

1. Was passt?

Nach Übung

4

im Kursbuch

> Bank   Bäcker   Bar   Schwimmbad   Geschäft
> Kino   Bibliothek   Café   Frisör

a) Kuchen, Brot, Torte, backen: _____

b) Bücher, Zeitungen lesen: _____

c) Kuchen essen, Kaffee trinken: _____

d) Sonnenbad, schwimmen, Wasser: _____

e) Film sehen, dunkel: _____

f) schneiden, Frau, Mann, gut aussehen: _____

g) Geld haben, wechseln, DM: _____

h) Bier, Wein, Schnaps trinken: _____

i) kaufen, verkaufen, bezahlen: _____

2. Was machen die Leute?

Nach Übung

4

im Kursbuch

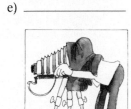
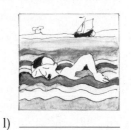

a) *Musik hören*   b) _____   c) _____   d) _____

e) _____   f) _____   g) _____   h) _____

i) _____   j) _____   k) _____   l) _____

Lektion 4

3. Was muss, kann, darf Eva hier (nicht)? Welche Sätze passen?

Eva muss hier warten.   Eva darf hier nicht fotografieren.   Hier darf Eva rauchen.

Hier darf Eva nicht rauchen.

Hier darf Eva kein Eis essen.   Eva möchte fotografieren.

Eva muss aufstehen.   Eva kann hier ein Eis essen.   Eva möchte nicht rauchen.

a)

b)

c)

d)

e)

f)

g)

h)

i)

4. Ein Wort passt nicht.

a) duschen – spülen – schwimmen – schlafen – waschen
b) Frisör – Arbeit – Passagier – Gast – Kellner
c) Krankenhaus – Maschine – Bibliothek – Gasthaus – Café
d) zeichnen – rauchen – trinken – essen – sprechen
e) sehen – hören – schmecken – essen
f) bezahlen – Geld ausgeben – stören – Geld wechseln – einkaufen
g) Foto – Bild – Musik – Film

5. Ergänzen Sie.

Nach Übung

5

im Kursbuch

a) Wolfgang (schlafen) _____ noch.

b) Frau Keller (lesen) _____ eine Zeitung.

c) (sehen) _____ du das Schild nicht? Hier darf man nicht rauchen.

d) (fernsehen) _____ du noch _____, oder möchtest du lesen?

e) Er (sprechen) _____ sehr gut Deutsch.

f) (sprechen) _____ du Spanisch?

g) Sie (fahren) _____ gerne Ski.

h) (schlafen) _____ du schon?

i) Frau Abel (fahren) _____ heute nach Leipzig.

j) (essen) _____ du das Steak oder (nehmen) _____ du das Kotelett?

6. Ihre Grammatik. Ergänzen Sie.

Nach Übung

5

im Kursbuch

	lesen	essen	schlafen	sprechen	sehen
ich	*lese*				
du					
er, sie, es, man					
wir					
ihr					
sie, Sie					

7. Ergänzen Sie die Verben.

Nach Übung

7

im Kursbuch

aufmachen   aufhören   zuhören   machen   fernsehen   ~~aufsehen~~   aufstehen

einkaufen   ~~hören~~   kaufen   sehen   ausgeben

a) Ich *stehe* jetzt *auf*. Möchtest du noch schlafen?

b) *Hören* Sie die Kassette _____✓_____ und spielen Sie den Dialog.

c) ○ Was machst du?   □ Ich _____. Der Film ist sehr gut.

d) Ich _____ das Auto nicht _____. Ich habe nicht genug Geld.

e) _____ du bitte die Flasche _____? Ich kann das nicht.

f) _____ du bitte ein Foto _____? Hier ist die Kamera.

g) ○ _____ du heute _____?   □ Ja, gern! Was brauchen wir denn?

h) Hier dürfen Sie nicht rauchen. _____ Sie bitte _____!

i) Bitte seien Sie leise und _____ Sie _____. Vera spielt doch Klavier!

j) _____ du das Schild nicht _____? Du darfst hier kein Eis essen.

k) Für sein Auto _____ er viel Geld _____.

l) _____ Sie bitte _____! Das ist mein Platz!

Lektion 4

Nach Übung

9

im Kursbuch

**8. „Müssen", „dürfen", „können", „möchten".
Ergänzen Sie.**

a) ○ Mama, _____ ich
noch fernsehen?

☐ Nein, das geht nicht. Es ist schon sehr
spät. Du _____ jetzt schlafen.

b) ○ Papa, wir _____ ein
Eis essen.

☐ Nein, jetzt nicht. Wir essen gleich.

c) ○ Mama, _____ wir jetzt spielen?

☐ Nein, ihr _____ erst
das Geschirr spülen, dann
_____ ihr spielen.

d) ○ Mama, ich _____
fotografieren. _____ ich?

☐ Aber du _____ doch
gar nicht fotografieren!

e) ○ Papa, _____ ich
Klavier spielen?

☐ Ja, aber du _____ leise
spielen. Mama schläft.

Nach Übung

9

im Kursbuch

9. Ihre Grammatik. Ergänzen Sie.

A.

	möchten	können	dürfen	müssen
ich				
du				
er, sie, es, man				
wir				
ihr				
sie, Sie				

a) Nils macht die Flasche auf.
b) Nils möchte die Flasche aufmachen.
c) Macht Nils die Flasche auf?
d) Möchte Nils die Flasche aufmachen?
e) Wer macht die Flasche auf?
f) Wer möchte die Flasche aufmachen?

B.

	Verb$_1$	Subjekt	Angabe	Ergänzung	Verb$_2$
a) _Nils_	_macht_				
b) _____					
c) _____					
d) _____					
e) _____					
f) _____					

10. Was passt zusammen?

Nach Übung

10

im Kursbuch

A	Hallo, was macht ihr da?
B	Sie dürfen hier nicht rauchen!
C	Stehen Sie bitte auf!
D	Darf man hier fotografieren?
E	Ihr könnt hier nicht warten!
F	Schwimmen ist hier verboten! Siehst du das Schild nicht?
G	Ihre Musik stört die Leute. Sie müssen leise sein.

1	Warum nicht? Wir stören hier doch nicht.
2	Bitte nur eine Zigarette. Ich höre gleich auf.
3	Ich kann doch nicht lesen.
4	Warum? Ist das Ihr Platz?
5	Wir schwimmen. Ist das verboten?
6	Nein, das ist verboten!
7	Warum das? Hier darf man doch Radio hören!

A	B	C	D	E	F	G

11. Was passt?

Nach Übung

13

im Kursbuch

~~einen Verband~~   Musik   einen Brief
einen Gast   eine Bar   Betten   einen Schrank   ein Schwein   eine Frage
eine Idee   einen Spaziergang   eine Bestellung
einen Film   eine Kartoffel   Kartoffelsalat
einen Kaffee   das Abendessen   eine Torte
einen Beruf   einen Fehler   eine Reise   Pause   ein Krankenhaus
ein Kotelett   die Arbeit   eine Adresse   Käse   das Frühstück

einen Verband _____ machen

_____

_____

_____

_____

...

Lektion 4

Nach Übung

13

im Kursbuch

12. Schreiben Sie.

a) Renate: ein Buch lesen — fernsehen
○ *Renate liest ein Buch. Möchtest du auch ein Buch lesen?*
□ *Nein, ich sehe lieber fern.*

b) Jochen: um sieben Uhr aufstehen — erst um halb acht aufstehen
c) Klaus und Bernd: Tennis spielen — Fußball spielen
d) Renate: einen Spaziergang machen — fernsehen
e) wir: Radio hören — einen Spaziergang machen
f) Müllers: ein Sonnenbad nehmen — die Küche aufräumen
g) Maria: fernsehen — Klavier spielen

Nach Übung

15

im Kursbuch

13. „Schon", „noch" oder „erst"? Ergänzen Sie.

a) Um 6.00 Uhr schläft Ilona Zöllner _____ . Willi Rose steht dann _____ auf. Ilona Zöllner steht _____ um 8.00 Uhr auf.
b) Monika Hilger möchte _____ um 21.00 Uhr schlafen. Da sieht Klaus Schwarz _____ fern.
c) Um 6.30 Uhr frühstückt Willi Rose, Ilona Zöllner _____ um 9.30 Uhr.
d) Um 23.00 Uhr tanzt Ilona Zöllner _____ , Monika Hilger schläft dann _____ .

Nach Übung

16

im Kursbuch

14. Was passt nicht?

a) Reise – Achtung – Ausflug – fahren – Auto
b) Musik – Mannschaft – Konzert – Orchester
c) Pausc – Gast – einladen – essen – trinken
d) Mensch – Leute – Person – Frauen
e) Tanz – Musik – Film – Diskothek
f) Geschäft – geöffnet – geschlossen – anfangen
g) stattfinden – Konzert – geöffnet – Veranstaltung – anfangen

Nach Übung

16

im Kursbuch

15. Wann? Wie lange?

bis ~~1.00~~ Uhr   vier Tage   morgens   zwei Jahre   von 9.00 bis 17.00 Uhr
um ~~20.00~~ Uhr   heute   morgen   zwischen 5.00 und 6.00 Uhr   bis 3.00 Uhr
abends   zwei Monate   mittags   am Mittwoch   bis Mittwoch   morgen um halb acht

Wann?	Pause machen	Wie lange?	Pause machen
um 20.00 Uhr	Zeit haben	*bis 1.00 Uhr*	Zeit haben
_____	arbeiten	_____	arbeiten
. . .	geöffnet sein	. . .	geöffnet sein
	stattfinden		warten
	anfangen		

16. Wann fahren die Züge?

Nach Übung
17
im Kursbuch

Deutsche Bundesbahn — Deutsche Bundesbahn — Deutsche Bundesbahn								
Frankfurt — Dresden			**Hamburg — Berlin**			**Stuttgart — München**		
ab	Zug	an	ab	Zug	an	ab	Zug	an
6.38	IC 155	14.39	8.09	D 331	12.02	10.12	IC 591	12.20
8.31	D 355	16.58	11.27	IC 785	16.41	10.26	D 285	13.01
Lübeck — Rostock			**Münster — Bremen**			**Kiel — Flensburg**		
ab	Zug	an	ab	Zug	an	ab	Zug	an
9.40	D 1033	11.35	19.05	E 3385	21.07	17.42	E 4270	18.52
17.04	D 1037	21.48	21.57	IC 112	23.12	21.04	E 4276	22.19

a) Der IC 155 fährt um sechs Uhr achtunddreißig in Frankfurt ab und ist um vierzehn Uhr
   neununddreißig in Dresden.
b) Der D 355 fährt um ...
c) Der D 331 fährt um ...

...

17. Schreiben Sie Dialoge.

Nach Übung
18
im Kursbuch

○ Komm, wir müssen gehen!
Das Kino fängt um fünf Uhr an.
□ Wir haben noch Zeit. Es ist
erst Viertel nach vier.

a) Gymnastik b) Vortrag   c) Fotokurs   d) Tennisspiel e) Tanzveran-   f) Diskothek
                                                              staltung

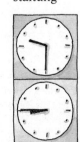

Lektion 4

18. Ordnen Sie die Antworten.

Ich habe keine Lust!   Tut mir leid, das geht nicht!   Ich weiß noch nicht!   Gut!   Ich mag nicht!
Vielleicht!   Gern!   Na gut!   Leider nicht!   Kann sein!   Die Idee ist gut!
In Ordnung!   Na klar!   Ich kann nicht!   Ich habe keine Zeit!

ja	nicht ja und nicht nein	nein

19. „Wann?", „wie lange?", „wie spät?", „wie oft?", „wie viel?"/„wie viele?". Fragen Sie.

a) *Um acht Uhr* stehe ich meistens auf.
b) Ich trinke morgens *vier Tassen* Kaffee.
c) Ich gehe *zweimal pro Monat* schwimmen.
d) Meine Wohnung kostet *670 Mark pro Monat.*
e) Ich wohne schon *vier Jahre* in Erfurt.

f) Es ist schon *vier Uhr.* Ich muss jetzt gehen.
g) Ich sehe abends *bis elf Uhr* fern.
h) Ich rauche nur *abends.*
i) Ich bin *von Freitag bis Sonntag* in Köln.
j) Ich mache *jedes Jahr* eine Reise.
k) Ihre Wohnung hat drei Zimmer.

20. Schreiben Sie einen Dialog.

Warum fragst du?   Tut mir leid, ich muss heute arbeiten.
Schade. Und morgen Nachmittag?   Ich möchte gern schwimmen gehen. Kommst du mit?
Sag mal, Hans, hast du heute Nachmittag Zeit?   Ja, gern. Da kann ich.

○ *Sag mal,* _____
□ _____
○ _____
□ _____
○ _____
□ _____

21. Ergänzen Sie.

Nach Übung
22
im Kursbuch

nachmittags   morgen Mittag   morgen Nachmittag   morgen Abend   morgen früh   morgens
abends   mittags

a) _____ um zwanzig Uhr gehe ich ins Kino. Es gibt einen Film mit Gary Cooper.

b) Ich stehe _____ immer sehr früh auf.

c) _____ um sechzehn Uhr gehe ich mit Bärbel einkaufen.

d) Ich arbeite nur morgens, _____ habe ich meistens frei.

e) Ich gehe spät schlafen. Ich sehe _____ oft bis 23 Uhr fern.

f) _____ muss ich um sieben Uhr aufstehen. Ich möchte mit Sibylle zusammen frühstücken.

g) _____ haben wir immer von zwölf bis vierzehn Uhr Pause. Dann gehe ich meistens nach Hause und koche etwas.

h) _____ muss ich nicht kochen. Ich gehe mit Jens um zwölf Uhr essen.

22. „Da" hat zwei Bedeutungen. Welche Bedeutung hat „da" in den Sätzen a – f?

Nach Übung
22
im Kursbuch

Wo? → Da! („da" = Ort)   Wann? → Da! („da" = Zeitpunkt)

a) Der Gasthof Niehoff ist sehr gut. Da kann man fantastisch essen.

b) Um 20.00 Uhr gehe ich mit Monika tanzen. Da habe ich leider keine Zeit.

c) Das Schwimmbad ist sehr schön. Da kann man gut schwimmen.

d) Der Supermarkt „Harms" ist billig. Da kann man gut einkaufen.

e) Montag abend kann ich nicht. Da gehe ich mit Vera essen.

f) ○ Was machst du morgen Abend?   □ Da gehe ich ins Konzert.

	Satz a)	Satz b)	Satz c)	Satz d)	Satz e)	Satz f)
„da" = Ort						
„da" = Zeitpunkt						

23. „Können" oder „müssen"? Was passt?

Nach Übung
22
im Kursbuch

a) Herr Werner _____ morgens nach Frankfurt fahren, denn er arbeitet in Frankfurt und wohnt in Hanau.

b) Frau Herbst _____ heute leider nicht ins Kino gehen. Sie hat Gäste und _____ kochen.

c) Petra _____ die Wohnung nicht nehmen. Denn 560 Mark _____ sie nicht bezahlen.

d) Willi Rose ist Kellner. Er _____ schon um sechs Uhr aufstehen.

e) Gerd hat heute frei. Er _____ nicht um sieben Uhr aufstehen. Er _____ bis zehn Uhr schlafen.

f) Frau Herbst _____ nur nachmittags einkaufen gehen, denn morgens _____ sie arbeiten.

g) Im Gasthof Niehof _____ man bis 22 Uhr abends essen.

Lektion 4

Nach Übung

24

im Kursbuch

24. Was passt nicht?

a) Tschüs – Herzliche Grüße – Guten Tag – Sonntag – Herzlich willkommen – Guten Abend
b) Zimmer – Raum – Wohnung – Haus – Situation
c) Brief – Ansichtskarte – schreiben – lesen – hören
d) Ski fahren – abfahren – Tennis spielen – Fußball spielen – Rad fahren – spazieren gehen
e) heute – morgens – abends – nachmittags – mittags
f) nie – groß – oft – immer – meistens
g) wann? – wie lange? – wo? – wie oft? – wie spät?

Nach Übung

25

im Kursbuch

25. „Können" (1), „können" (2) oder „dürfen"?

„können" (1):   „können" (2):

Er kann nicht Ski fahren.
Er lernt Ski fahren.

Sie kann diese Woche nicht Ski fahren.

Hier kann sie nicht Ski fahren. Es gibt keinen Schnee.

a) Hier _____ ( )
man nicht schwimmen.

b) Er _____ ( )
noch nicht gehen.

c) Sie _____ ( )
nicht ins Kino gehen.

d) Er _____ ( )
nicht schwimmen.

e) Hier _____ ( )
sie nicht parken.

f) Hier _____ ( )
man essen.

26. Was stimmt hier nicht? Vergleichen Sie Text und Bild.

a) 10.00 Uhr

b) 11.30 Uhr

c) 12.30 Uhr

d) 13.00 Uhr

e) 14.00 Uhr

f) 17.00 Uhr

g) 23.00 Uhr

h) 1.00 Uhr

Grönitz, 4. 8. 96

Lieber Mathias,

die Zeit hier ist nicht sehr schön. Ich stehe schon um sieben Uhr auf und gehe morgens spazieren. Man kann hier nicht viel machen: nicht schwimmen, nicht Tischtennis spielen, und man trifft keine Leute. Es gibt auch kein Kino, keine Bar und keine Diskothek. Ich esse hier sehr wenig, denn das Essen schmeckt nicht gut. Nachmittags lese ich Bücher oder ich schreibe Briefe. Abends sehe ich meistens fern und gehe schon um neun Uhr schlafen.
Herzliche Grüße

deine Babsi

A. Schreiben Sie.

Was macht Babsi?

a) *Sie steht erst um zehn Uhr auf*
b) *Um halb zwölf spielt sie*
c) ...

Was schreibt Babsi?

Ich stehe schon um sieben Uhr auf.
Ich gehe

B. Schreiben Sie jetzt den Brief richtig.

Grönitz, 4. 8. 96

Lieber Mathias,

die Zeit hier ist fantastisch. Ich stehe erst ...

Lektion 5

Vocabulary

verbs

anrufen	*to call, to telephone*
aussehen	*to look (appearance)*
baden	*to have a bath*
bauen	*to build a house*
buchen	*to book*
diskutieren	*to discuss*
einziehen	*to move in*
finden	*to find , to think about*
herstellen	*to produce*
informieren	*to inform*
leihen	*to lend*, here: *to rent*
liegen	*to be (to be situated)*
suchen	*to look for*
tun	*to do*
umziehen	*to move house*
verbieten	*to prohibit, to forbid*
verdienen	*to earn*
wollen	*to want*

nouns

s Appartement, -s	*flat, apartment*
r Aufzug, ⸚e	*lift, elevator*
s Bad, ⸚er	*bathroom*
r Balkon, -e/-s	*balcony*
s Dach, ⸚er	*roof*
s Ehepaar,-e	*married couple*
s Einkommen, -	*income*
s Ende	*end*
s Erdgeschoss,-e	*ground floor*
e Erlaubnis,-se	*permission*
e Familie,-n	*family*
s Fenster, -	*window*
r Flur,-e	*hall*
r Fußboden, ⸚	*floor*
e Garage,-n	*garage*
e Garderobe,-n	here: *hallstand*
r Garten, ⸚	*garden*

s Hochhaus, ⸚er	*tower block*
r Hof, ⸚e	*court, courtyard*
s Hotel, -s	*hotel*
e Industrie, -n	*industry*
e Insel,- n	*island*
r Keller, -	*basement, cellar*
r Kiosk, -e	*kiosk*
r Komfort	here: *mod. cons.*
r Krach	*noise*
r Lärm	*noise*
s Leben, -	*life*
e Miete, -n	*rent*
r Mietvertrag, ⸚e	*lease, rent agreement*
e Mutter, ⸚	*mother*
r Nachbar, -n	*neighbour*
e Natur	*nature*
e Nummer, -n	*number*
r Quadratmeter, -	*square metre*
r Raum, ⸚e	*room*
s Reisebüro, -s	*travel agency*
e Rezeption	*(hotel) reception*
e Ruhe	*peace, quiet*
s Schlafzimmer, -	*(master) bedroom*
r Schreibtisch, -e	*desk*
r Sessel, -	*armchair*
e Sonne, -n	*sun*
r Spiegel, -	*mirror*
r Stock	*floor, storey*
r Strand, ⸚e	*beach*
r Streit, Streitigkeiten	*quarrel*
e Stunde, -n	*hour*
e Telefonzelle, -n	*phone box*
r Teppich, -e	*carpet*
e Terrasse, -n	*patio*
e Toilette, -n	*toilet*
r Urlaub	*holidays, vacation*
s Urteil, -e	*judgement*
r Vermieter, -	*landlord*
r Vogel, ⸚	*bird*
r Vorhang, ⸚e	*curtain*
r Wagen, -	*car*

r Wald, ̈er	*forest*	sogar	*even*
e Ware, -n	*product, article*	vorher	*before, previously*
s WC, -s	*WC, toilet*	ziemlich	*rather*
e Wiese, -n	*meadow*		
e Woche, -n	*week*		
s Wohnzimmer, -	*living-room, lounge*		
s Zimmer, -	*room*		

function words

ab	*from … onwards*
alles	*everything*
an	see grammar section
auf	see grammar section
beide, beides	*both*
für	see grammar section
gar nicht	*not at all*
in	see grammar section
niemand	*nobody*
ohne	*without*
trotzdem	*nevertheless*
unser	*our*
was für?	*what sort of?*
zu (with adjective)	*too*

adjectives

direkt	*direct*, here: *directly*
fest	here: *fixed term*
frei	*free, vacant*
glücklich	*happy*
günstig	here: *well situated*
hässlich	*ugly*
interessant	*interesting*
privat	*private*
ruhig	*quiet*
sauber	*clean*
schlecht	*bad*
schön	*nice, beautiful*
teuer	*expensive*
zufrieden	*contented*

expressions and abbreviations

Glück haben	*to be lucky*
guck mal!	*look!*
herzliche Grüße	*best wishes*
m^2	*sq. m.*
	(square metres)
okay	*okay*
Platz haben	*to have room*
Ruhe finden	*to find peace*
schau mal!	*look!*
zu Hause	*at home*

adverbs

außerhalb	here: *out of town*
bald	*soon*
draußen	*outside*
endlich	*at last*
nachts	*at night*

Lektion 5

Grammar

ex.
4
5
6
7

1. The indefinite pronoun (§ 13 p. 134)

○ Brauchst du einen Mikrowellenherd?   ☐ Nein danke, ich habe schon <u>einen</u>.

○ Möchtest du eine Vase?   ☐ Ja, ich habe noch <u>keine</u>.

○ Hast du schon ein Sofa?   ☐ Ja, ich habe schon <u>eins</u>.

○ Wo ist hier ein Lift?   ☐ Da ist <u>einer</u>.

○ Hier gibt es auch Vorhänge.   ☐ Nein, ich habe noch <u>keine</u>.

Hast du schon <u>welche</u>?   Ich brauche <u>welche</u>.

As you can see from these examples the nouns were not repeated in the replies but replaced by a pronoun. This indefinite pronoun replaces a noun with an indefinite article. In the singular the indefinite pronouns are *ein-* (positive) and *kein-* (negative). The corresponding forms in English are *one* or *not one*. In the plural you use *welch-* (positive) or *kein-* (negative). The corresponding forms in English are *some* or *any* respectively.

If you want to avoid repeating non-count nouns you use *welch-* (positive) or *kein-* (negative) with the appropriate ending depending on gender and case.

○ Hier gibt es Zucker.

Brauchst du <u>welchen</u>?   ☐ Ja, ich habe <u>keinen</u>.

○ Hier gibt es Bier.

Brauchst du <u>welches</u>?   ☐ Ja, ich habe <u>keins</u>.

○ Ist das Zucker?   ☐ Nein, das ist <u>keiner</u>, das ist Saccharin.

		masculine	feminine	neuter	plural
nominative	count-nouns	einer keiner	eine keine	eins keins	welche keine
nominative	non-count-nouns	welcher keiner	welche keine	welches keins	
accusative	count-nouns	einen keinen	eine keine	eins keins	welche keine
accusative	non-count-nouns	welchen keinen	welche keine	welches keins	

ex.
8
9
10

2. The definite pronoun (§ 12 p. 133)

If you want to avoid repeating a noun which is preceded by a definite article you can either use a personal pronoun (er, sie, es; sie) as shown in chapter 2, 3. or the definite pronoun in the appropriate case. This pronoun is always identical with the definite article.

Magst du <u>den Tisch</u>?   „table" is the object of the sentence and therefore in the accusative case.

Der ist zu klein. „table" – it – here is the subject of the sentence and therefore you use the definite pronoun in the nominative case.

Nein, den finde ich hässlich. „table" – it – here is the object of the sentence and therefore you use the definite pronoun in the accusative case.

		nominative	accusative
der	Magst du den Tisch?	Der ist zu klein.	Den finde ich hässlich.
die	Magst du die Lampe?	Die ist zu alt.	Die finde ich hässlich.
das	Magst du das Regal?	Das ist schön.	Das finde ich gut.
plural	Magst du die Stühle?	Die sind bequem.	Die finde ich schön.

You would use the definite pronoun as opposed to the personal pronoun if you want to put particular emphasis on the pronoun and therefore usually place it at the beginning of the sentence. Using the personal pronouns is also more formal.

○ Wie findest du die Vorhänge? □ Die finde ich schön.
                                                 □ Ich finde sie schön.

3. The prepositions _in, an, auf_ (§ 3 p. 129, § 16a p. 135, § 44, p. 145)

ex. 23

The correct usage of prepositions is one of the most difficult features of learning a foreign language. Learning German is no exception to this. It is therefore impossible to give exact equivalents.

The prepositions _in, an, auf_ can be used in expressions of place. They take the dative case if the verb expresses an activity in one place or movement within a limited space (e.g. a room) as opposed to the direction the movement takes.

○ Wo sind Haustiere verboten? □ In der Wohnung.
○ Wo darf man keine Antenne montieren? □ Am Schornstein.
○ Wo darf man nicht grillen? □ Auf dem Balkon.

in: **in rooms and buildings:**
        in der Küche – in the kitchen
        im Hotel – in the hotel
        in spaces that are perceived as three-dimensional:
        im Park – in the park
        im Wald – in the forest
        im Garten – in the garden

auf: **on (top of) surfaces that are perceived as two-dimensional:**
        auf dem Tisch – on the table
        auf dem Balkon – on the balcony
        auf der Terrasse – on the patio
        auf dem Parkplatz – in the car park

Lektion 5

an: **on vertical or horizontal surfaces** (but **not** on top of):
an der Wand – on the wall
an der Decke – on the ceiling
next to (by):
am Fenster – by the window

at the edge of (bordering):
am Strand – on the beach
am Rhein – on the river Rhine

Nominativ	der/ein/mein	die/eine/meine	das/ein/mein
Dativ	dem/einem/meinem	der/einer/meiner	dem/einem/meinem
in	im Bungalow in einem Bungalow in meinem Bungalow	in der Garage in einer Garage in meiner Garage	im Haus in einem Haus in meinem Haus
an	am Bungalow an einem Bungalow an meinem Bungalow	an der Garage an einer Garage an meiner Garage	am Haus an einem Haus an meinem Haus
auf	auf dem Bungalow auf einem Bungalow auf meinem Bungalow	auf der Garage auf einer Garage auf meiner Garage	auf dem Haus auf einem Haus auf meinem Haus

Remember: *in dem* is always contracted to *im* and *an dem* to *am*.

3.1. Exercise:

Tick the correct option.
a) | (1) Der Spiegel | ist am Schrank.
   | (2) Das Kleid |
b) Auf dem Dach darf man | (1) ein Bücherregal | montieren.
   | (2) eine Antenne |
c) | (1) Die Garage | ist am Haus.
   | (2) Die Küche |
d) In | (1) der Wohnung | darf man nachts auch mal laut feiern.
   | (2) der Terrasse |
e) Auf dem | (1) Balkon | kann man Vögel füttern.
   | (2) Garten |
f) | (1) Die Stühle | sind auf dem Schreibtisch.
   | (2) Meine Bücher |

4. The preposition *für*

ex. 2

This preposition here corresponds to the English *for* and always takes the accusative case. e.g.: Die Lampe ist für <u>den</u> Flur.   The lamp is for the hall.

5. Compound nouns

ex.
1

There are many nouns in German which consist of two words, e.g.

noun	+	noun	→	compound noun
der Morgen	+	die Gymnastik	→	die Morgengymnastik
das Buch	+	das Regal	→	das Bücherregal
die Arbeit	+	das Zimmer	→	das Arbeitszimmer

Compound nouns consisting of two nouns are the most frequent form. The second word determines the basic meaning and the gender of the compound noun, whereas the first illustrates the second. There are different ways of forming compound nouns. In the first example the singular form of the first word is taken as it is, in the second example the plural form is taken, and in the third example an -s is inserted between the two nouns. The second word never changes. The formation rules are too complex to be explained in detail at this stage. Don't worry if you make mistakes in the formation of the compound noun – you will nevertheless be understood.

verb	+	noun	→	compound noun
schlafen	+	das Zimmer	→	das Schlafzimmer

In this case the compound noun consists of a verb stem (infinitive without -en or -n) and a noun.

adjective	+	noun	→	compound noun
hoch	+	das Haus	→	das Hochhaus

There are also compound nouns that consist of an adjective and a noun.

6. Particles

We already explained in chapter 4, 6. that particles are "little" words that give the sentence a distinct flavour in meaning, e.g. assumption, wish, politeness.

doch	○ Sie kommen **doch** mit?	wish, politeness in an
	□ Ja, gern.	imperative phrased as a question
eigentlich	**Eigentlich** möchten wir ein Haus bauen, aber das geht nicht.	in actual fact, implying 'contrary to appearances'
wohl	Das hier ist **wohl** Ihr Kind?	uncertainty or probability

Lektion 5

Nach Übung

3

im Kursbuch

1. Ergänzen Sie.

a) _schlafen_ + _das Zimmer_ → das Schlafzimmer
b) _____ + _____ → das Wohnzimmer
c) _____ + _____ → der Schreibtisch
d) _____ + _____ → die Waschmaschine
e) _____ + _____ → der Fernsehapparat
f) waschen + das Becken → _____
g) braten + die Wurst → _____
h) stecken + die Dose → _____

i) j) k) l) ⚠ m) ⚠

 + +  +  +

i) → _____
j) → _____
k) → _____
l) → _____
m) → _____

Nach Übung

3

im Kursbuch

2. Bilden Sie Sätze.

a) Lampe --→ Flur
→ Schlafzimmer

Die Lampe ist nicht für den Flur, sondern für das Schlafzimmer.

...

b) Waschmittel -→ Waschmaschine
→ Geschirrspüler

c) Spiegel -- → Bad
→ Garderobe

d) Radio -- → Wohnzimmer
→ Küche

e) Stühle -- → Küche
→ Balkon

f) Topf -- → Mikrowelle
→ Elektroherd

g) Batterien -→ Taschenlampe
→ Radio

Nach Übung

4

im Kursbuch

3. Was passt nicht?

a) Sessel – Teppich – Tisch – Schreibtisch
b) Schlafzimmer – Bad – Spiegel – Flur
c) Elektroherd – Waschmaschine – Fenster – Kühlschrank
d) Sessel – Stuhl – Bett – Lampe
e) schön – zufrieden – gut – fantastisch
f) fernsehen – Wohnung – neu – umziehen

4. Schreiben Sie Dialoge.

○ Gibt es hier ein Restaurant?
□ Nein, hier gibt es keins.
○ Wo gibt es denn eins?
□ Das weiß ich nicht.

Nach Übung

4

im Kursbuch

a) Post

○ *Gibt es hier eine Post?*
□ *Nein, hier*
○ *Wo*
□ *Das weiß*

b) Bibliothek

○ *Gibt*
□ *Nein,*
○ *Wo*
□ *Das*

c) Café   d) Telefon   e) Automechaniker   f) Bäckerei   g) Gasthof   h) Supermarkt

5. „Welch-" im Plural (A) oder Singular (B)? Schreiben Sie Dialoge.

A.

B.

Nach Übung

4

im Kursbuch

○ Ich brauche noch Eier.
  Haben wir noch welche?
□ Nein, es sind keine mehr da.

○ Ich möchte noch Wein./Suppe./Obst.
  Haben wir noch welchen?/welche?/welches?
□ Nein, es ist keiner/keine/keins mehr da.

Lesen Sie die Dialogmodelle A und B. Schreiben Sie dann selbst Dialoge. Wählen Sie das richtige Dialogmodell.

a) Äpfel

○ *Ich brauche noch Äpfel.*
  Haben
□ *Nein,*

b) Soße

○ *Ich möchte noch Soße.*
  Haben
□ *Nein,*

c) Zitronen	f) Tomaten	i) Fleisch	l) Früchte	o) Salat
d) Eis	g) Kartoffeln	j) Tee	m) Gewürze	p) Suppe
e) Saft	h) Gemüse	k) Marmelade	n) Öl	q) Obst

Lektion 5

Nach Übung

4

im Kursbuch

6. Ergänzen Sie.

○ Peter hat morgen Geburtstag. Was meinst du, was können wir kaufen? Eine Uhr?
□ Das geht nicht. Seine Frau kauft schon eine.

a) ○ _____ Kamera?   □ Das geht nicht. Er hat schon _____.
b) ○ _____ Taschenlampe?   □ Das geht nicht. Er braucht _____.
c) ○ _____ Zigaretten?   □ Das geht nicht. Er braucht _____.
                                             Er raucht doch nicht mehr.
d) ○ _____ Geschirr?   □ Das geht nicht. Er hat schon _____.
e) ○ _____ Schnaps?   □ Das geht nicht. Er trinkt doch _____.
f) ○ _____ Wein?   □ Das geht nicht. Maria kauft schon _____.
g) ○ _____ Filme?   □ Das geht nicht. Karl kauft schon _____.
h) ○ _____ Radio?   □ Die Idee ist gut. Er hat noch _____.

Nach Übung

4

im Kursbuch

7. Ihre Grammatik. Ergänzen Sie.

der	ein	Herd	*einer*	einen	Herd	_____
	kein	Herd	*keiner*	keinen	Herd	
		Wein	*welcher*		Wein	
die	eine	Lampe	_____	eine	Lampe	_____
	keine	Lampe		keine	Lampe	*keine*
		Butter			Butter	
das	ein	Bett	*eins*	ein	Bett	_____
	kein	Bett	_____	kein	Bett	
		Öl	_____		Öl	*welches*
die (Pl.)		Eier	_____		Eier	_____
	keine	Eier		keine	Eier	

Nach Übung

6

im Kursbuch

8. Schreiben Sie.

○ Ist der Schrank neu?
□ Nein, der ist alt.
○ Und die Lampe?
□ Die ist neu.

a) Sessel–Stühle
   ○ *Sind die Sessel neu?*
   □ *Nein, die* _____
      . . .

b) Regal – Schrank
c) Waschmaschine – Kühlschrank
d) Schreibtisch – Stuhl

e) Garderobe – Spiegel
f) Kommode – Regale
g) Bett – Lampen

9. Ergänzen Sie.

Nach Übung

6

im Kursbuch

○ Was brauchen wir?

a) ☐ Ein Radio. △ _Das_ kann ich mitbringen.
b) ☐ Schnaps. △ _____ brauchen wir nicht.
c) ☐ Brot. △ _____ hole ich.
d) ☐ Gläser. △ _____ habe ich.
e) ☐ Teller. △ _____ bringe ich mit.
f) ☐ Geschirr. △ _____ ist schon da.
g) ☐ Stühle. △ _____ habe ich.
h) ☐ Butter. △ _____ kaufe ich ein.
i) ☐ Bier. △ _____ bringe ich mit.
j) ☐ Salat. △ _____ mache ich.
k) ☐ Wein. △ _____ haben wir schon.
l) ☐ Mineralwasser. △ _____ kaufe ich.
m)☐ Zigaretten. △ _____ wollen wir nicht.

10. Ihre Grammatik. Ergänzen Sie.

Nach Übung

6

im Kursbuch

a)

Der Flur, _der_ . . . ist hier.
Die Lampe, _____
Das Bett, _____
Die Möbel, _____ . . . sind hier.

b)

Den Flur, _____ . . . sehe ich.
Die Lampe, _____
Das Bett, _____
Die Möbel, _____

11. Schreiben Sie einen Dialog.

Nach Übung

9

im Kursbuch

Du, ich habe jetzt eine Wohnung.

Und wie viele Zimmer hat sie?

Hast du auch schon Möbel?

Zwei Zimmer, eine Küche und ein Bad.

Fantastisch! Den nehme ich gern.

Ja, ich habe schon viele Sachen.

Sehr schön. Ziemlich groß und nicht zu teuer.

Ich habe noch einen Küchentisch. Den kannst du haben.

Toll! Wie ist sie denn?

○ _Du, ich habe jetzt eine Wohnung._
☐ _Toll! Wie_ _____
○ . . .

Lektion 5

12. Schreiben Sie einen Brief.

Tübingen, 2. Mai 1996

Liebe Tante Irmgard,

wir haben jetzt eine Wohnung in Tübingen. Sie hat zwei Zimmer, ist hell
und ziemlich billig. Möbel für die Küche haben wir schon, aber noch keine
Sachen für das Wohnzimmer. Einen Schrank für das Schlafzimmer
brauchen wir auch noch. Hast du einen? Oder hast du vielleicht noch
Stühle? Schreib bitte bald!

Viele liebe Grüße

Sandra

19

Lieb
ich
Sie hat
Sie ist
Ich habe schon
aber ich brauche noch

Wohnung	3 Zimmer	Schrank
Garderobe	Bad	Lampe Küche
Herd	hell schön	klein teuer

13. Was passt?

a) Wohnort, Name, Straße, Postleitzahl, Vorname: _____
b) Bad, Wohnzimmer, Flur, Küche, Schlafzimmer: _____
c) Keller, Erdgeschoss, 1. Stock, 2. Stock: _____
d) Stunde, Tag, Woche, Monat: _____
e) Mutter, Vater, Kinder, Eltern: _____

14. Welches Verb passt?

bauen	verdienen	anrufen	kontrollieren	suchen	werden

a) ein Haus   eine Garage   eine Sauna _____
b) die Heizung   den Aufzug   die Batterien _____
c) eine Wohnung   ein Zimmer   den Fehler _____
d) Geld   sehr viel   zu wenig _____
e) einen Freund   den Arzt   Johanna _____
f) Beamter   schlank   Lehrer _____

15. Was passt zusammen? Bilden Sie Sätze.

Nach Übung

12

im Kursbuch

eigentlich	aber
a) nicht arbeiten b) einen Freund anrufen c) ein Haus kaufen d) nicht einkaufen gehen e) nicht umziehen	sie findet keins ihr Kühlschrank ist leer ihre Wohnung ist zu klein ihr Telefon ist kaputt ~~sie muss Geld verdienen~~

a) *Eigentlich möchte Veronika nicht arbeiten, aber sie muss Geld verdienen.*
Veronika möchte eigentlich nicht arbeiten, aber sie muss Geld verdienen.

b) ...

16. Welches Wort passt?

Nach Übung

12

im Kursbuch

über   etwa   unter   zwischen   etwa   unter   von ... bis

a) Hier gibt es Sonderangebote: alle Kassetten _____ 10 Mark.
b) Der Sessel kostet _____ 300 Mark. Ich weiß es aber nicht genau.
c) Hier gibt es Spiegel _____ 20 _____ 50 Mark.
d) _____ 18 Jahren bekommt man in Gasthäusern keinen Alkohol.
e) Die Miete für Häuser in Frankfurt liegt _____ 1000 und 5000 Mark pro Monat.
f) Ich komme _____ um 6 Uhr.
g) _____ 500 Mark kann ich nicht bezahlen. Das ist zuviel.

17. Ihre Grammatik. Ergänzen Sie.

Nach Übung

12

im Kursbuch

a) Sie möchten gern bauen.
b) Sie möchten gern ein Haus bauen.
c) Sie möchten gern in Frankfurt ein Haus bauen.
d) In Frankfurt möchten sie gern ein Haus bauen.
e) Eigentlich möchten sie gern in Frankfurt ein Haus bauen.
f) Warum bauen sie nicht in Frankfurt ein Haus?

	Vorfeld	Verb$_1$	Subj.	Angabe	Ergänzung	Verb$_2$
a)	*Sie*	*möchten*				
b)						
c)						
d)						
e)						
f)						

Lektion 5

Nach Übung

12

im Kursbuch

18. Was ist richtig?

a) Wir möchten ein Haus   Ⓐ kaufen.
                              Ⓑ brauchen.
                              Ⓒ bauen.

b) Ich finde die Wohnung nicht teuer,
    sie ist sogar   Ⓐ ziemlich wenig.
                    Ⓑ ziemlich günstig.
                    Ⓒ ziemlich billig.

c) Das Haus kostet   Ⓐ wenig.
                        Ⓑ viel.
                        Ⓒ teuer.

d) Ich glaube, wir haben kein Glück,
    aber wir suchen   Ⓐ nicht weiter.
                     Ⓑ trotzdem weiter.
                     Ⓒ denn weiter.

e) Ihre Kinder heißen Jan und Kerstin.
    Ich kenne   Ⓐ sie.
               Ⓑ beide.
               Ⓒ zwei.

f) Die Wohnung ist leer. Da ist   Ⓐ niemand.
                                   Ⓑ jemand.
                                   Ⓒ kein Mensch.

g) Die Wohnung liegt nicht   Ⓐ günstig,   aber
    sie ist ziemlich billig.   Ⓑ zufrieden,
                             Ⓒ alt,

h) Möchten Sie den Tee mit Milch
    oder   Ⓐ ohne?
           Ⓑ gern?
           Ⓒ für?

Nach Übung

12

im Kursbuch

19. Lesen Sie den Text im Kursbuch, Seite 63.

A. Ergänzen Sie den Text.

Familie Höpke _____ in Steinheim. Ihre Wohnung _____
nur drei Zimmer. Das ist zu _____, denn die _____ möchten beide ein _____. Die Wohnung ist nicht _____ und
auch _____ teuer. Aber Herr Höpke _____ in Frankfurt.
Er muss morgens und _____ immer über eine _____ fahren.
Herr Höpke _____ in Frankfurt wohnen, aber dort _____
die _____ zu teuer. So viel Geld kann er für die Miete nicht
_____. Aber Höpkes _____ weiter. _____
haben sie ja Glück.

B. Schreiben Sie einen ähnlichen Text.

Familie Wiegand wohnt in _____

Nach Übung

17

im Kursbuch

20. Was ist Nummer...?

1. *das Dach*   10. _____
2. _____   11. _____
3. _____   12. _____
4. _____   13. _____
5. _____
6. _____
7. _____
8. _____
9. _____

21. „Haben" oder „machen"? Was passt?

Nach Übung

18

im Kursbuch

a) Glück _____   c) Lärm _____   e) Zeit _____   g) Platz _____

b) Krach _____   d) Lust _____   f) Ordnung _____   h) Streit _____

22. Ergänzen Sie.

Nach Übung

18

im Kursbuch

Ap – barn – Dach – de – ~~Er~~ – fort – gel – haus – Hoch – Hof – Kom – Krach – Lärm –
laub – ment – Mi – Mie – mie – Nach – ~~nis~~ – nu – par – Platz – Streit – te – te – ten – ter –
Ver – Vö – Wän

a) Es ist nicht verboten, wir haben die ___ *Erlaubnis* ___ .

b) Auf dem Haus ist das _____ .

c) Eine Stunde hat 60 _____ .

d) Dort kann man wohnen: _____ und _____ .

e) Hier spielen die Kinder manchmal: _____ .

f) Auch ein Ehepaar hat manchmal _____ .

g) Die Miete bekommt der _____ .

h) Beide Familien wohnen im zweiten Stock, sie sind _____ .

i) Morgens singen die _____ .

j) Ein Zimmer hat vier _____ .

k) Beide Kinder haben ein Zimmer, wir haben viel _____ .

l) Eine Wohnung mit _____ ist teuer.

m) Die Wohnung kostet 570 Mark _____ pro Monat.

n) Das ist sehr laut und stört die Nachbarn: _____ und
_____ .

23. „In", „an", „auf" + Dativ. Ergänzen Sie Präposition und Artikel.

Nach Übung

18

im Kursbuch

a) Hier siehst du Ulrich _____ d_____ Badewanne
und _____ d_____ Toilette.

b) Und hier ist er _____ sein_____ Zimmer
_____ Fenster.

c) Hier ist Ulrich _____ d_____ Küche _____
sein_____ Kinderstuhl.

d) Und hier ist er _____ d_____ Wohnung von
Frau Haberl, _____ ihr _____ Keller und
_____ ihr_____ Terrasse.

e) Hier siehst du Ulrich zu Hause _____ d_____
Balkon und _____ Herd.

f) Hier sind wir mit Ulrich _____ ein_____
Gasthof.

g) Und da spielt er _____ d_____ Garagendach.

h) Und hier ist er _____ Telefon, er ruft seine Oma an.

Lektion 5

Nach Übung

18

im Kursbuch

24. Was passt hier?

a) Wann bekommen wir _____ das Geld? Wir warten schon drei Wochen.
 Ⓐ bald   Ⓑ vorher   Ⓒ endlich

b) Ich finde die Wohnung _____ schön, sie ist sogar ziemlich hässlich.
 Ⓐ genug   Ⓑ zuerst   Ⓒ gar nicht

c) Das Appartement ist ziemlich groß und kostet _____.
 Ⓐ wenig   Ⓑ billig   Ⓒ günstig

d) Ein Haus ist viel zu teuer, das kann ja _____ bezahlen.
 Ⓐ niemand   Ⓑ jeder   Ⓒ jemand

e) Sie können manchmal feiern, aber Sie müssen _____ die Nachbarn informieren.
 Ⓐ sonst   Ⓑ vorher   Ⓒ gerne

f) Eine Lampe für 30 Mark und eine sogar für 20! Das ist billig, ich nehme _____.
 Ⓐ gern   Ⓑ beide   Ⓒ zusammen

g) Ich arbeite 8 Stunden, _____ 7 _____ 15 Uhr.
 Ⓐ um … und bis   Ⓑ zwischen … und   Ⓒ von … bis

h) Wir gehen nicht spazieren, es ist ziemlich kalt _____.
 Ⓐ sonst   Ⓑ draußen   Ⓒ etwa

i) Manchmal bin ich _____ gar nicht müde, dann lese ich.
 Ⓐ ohne   Ⓑ nachts   Ⓒ ziemlich

j) _____ trinke ich immer Tee, aber heute möchte ich Kaffee.
 Ⓐ Sonst   Ⓑ Vorher   Ⓒ Endlich

Nach Übung

18

im Kursbuch

25. Welches Modalverb passt? Ergänzen Sie „können", „möchten", „müssen".

○ Sie _____ doch jetzt nicht mehr feiern!

□ Und warum nicht? Ich _____ morgen nicht arbeiten und _____ lange schlafen.

○ Aber es ist 22 Uhr. Wir _____ schlafen, wir _____ um sechs Uhr aufstehen.

□ Und wann _____ ich dann feiern? Vielleicht mittags um zwölf? Da hat doch niemand Zeit, da _____ doch niemand kommen.

○ Das ist Ihr Problem. Jetzt _____ Sie leise sein, sonst holen wir die Polizei.

Lektion 5

26. Was passt zusammen? Lesen Sie vorher den Text im Kursbuch auf Seite 67.

Nach Übung
20
im Kursbuch

A	Urlaub auf Hiddensee		1	liegt direkt am Strand.		A	
B	Autos dürfen		2	Ruhe finden.		B	
C	Die Insel		3	sogar ein Reisebüro.		C	
D	Strände und Natur		4	hier nicht fahren.		D	
E	Das Hotel		5	haben viel Komfort.		E	
F	Hier kann man		6	sind noch ziemlich sauber.		F	
G	Die Zimmer		7	ist ein Naturschutzgebiet.		G	
H	Im Hotel gibt es		8	ist ein Erlebnis.		H	

27. Ergänzen Sie.

Nach Übung
20
im Kursbuch

Industrie   Natur
Hotel   Urlaub

a) Wald, Wiese, Vögel: _____
b) herstellen, Export, Maschinen: _____
c) Zeit haben, Sonne, Meer: _____
d) Information, Rezeption, Zimmer: _____

28. Schreiben Sie einen Brief.

A. Hanne macht Urlaub auf der Insel Rügen. Sie ist nicht zufrieden. Sie schreibt eine Karte an Margret. Lesen Sie die Karte.

Nach Übung
20
im Kursbuch

Liebe Margret,

viele Grüße von der Insel Rügen. Ich bin jetzt schon zwei Wochen hier, aber der Urlaub ist nicht sehr schön. Das Hotel ist laut, es ist nicht sauber und wir haben keinen Komfort. Die Zimmer sind hässlich und teuer und das Essen schmeckt nicht besonders gut. Die Diskothek ist geschlossen und das Hallenbad auch.

Ich kann eigentlich nur spazieren gehen, aber das ist auch nicht sehr schön, denn hier fahren ziemlich viele Autos, das stört.

Am Dienstag bin ich wieder zu Hause.   Viele Grüße

Hanne

Was findet Hanne nicht gut?
Notieren Sie.

Hotel laut,
nicht _____
Zimmer _____
_____
_____
_____
_____

B. Schreiben Sie den Brief positiv. Ihr Urlaub ist schön, Sie sind zufrieden.

Liebe Margret,

viele Grüße von der Insel Rügen. Ich bin ..., und der Urlaub ist fantastisch. Das Hotel ...

Lektion 6

Vocabulary

verb

aufwachen	*to wake up*
bedeuten	*to mean*
bleiben	*to remain, to stay*
dauern	*to last, to take (time)*
einpacken	*to pack*
einschlafen	*to fall asleep*
erkältet sein	*to have a cold*
gehen	*to walk*
helfen	*to help*
hinfallen	*to fall (down)*
klingeln	*to ring*
mitnehmen	*to take along*
packen	*to pack (a case)*
passieren	*to happen*
Recht haben	*to be right*
sollen	see grammar section
stehen	*to stand*, here: *to be*
verstehen	*to understand*

nouns

e Angst, ⸚e	*fear*
e Apotheke, -n	*pharmacy*
e Ärztin, -nen	*female doctor (medical)*
r Arzt, ⸚e	*male doctor (medical)*
s Auge, -n	*eye*
r Bahnhof, ⸚e	*station*
r Bauch, ⸚e	*tummy, abdomen*
s Bein, -e	*leg*
s Beispiel, -e	*example*
e Brust	*chest*
e Chefin, -nen	*female boss, head*
r Chef, -s	*male boss, head*
r Doktor, -en	*doctor (title)*
Dr. = Doktor	
s Drittel	*third*
e Drogerie, -n	*chemist's, drug store*

e Erkältung, -en	*cold (illness)*
e Frage, -n	*question*
r Fuß, ⸚e	*foot*
r Fußball, ⸚e	*football*
e Geschichte, -n	*story*
e Gesundheit	*health*
s Grad, -e	*degree*
e Grippe	*flu*
r Hals, ⸚e	*neck, throat*
e Hand, ⸚e	*hand*
r Handschuh, -e	*glove*
r Husten	*cough*
s Knie, -	*knee*
r Koffer, -	*suitcase*
e Kollegin, -nen	*female colleague*
r Kollege, -n	*male colleague*
r Konflikt, -e	*conflict*
r Kopf, ⸚e	*head*
e Krankheit, -en	*illness*
s Licht	*light*
e Luft	*air*
r Magen, ⸚	*stomach*
s Medikament, -e	*medicine, medication*
r Mund, ⸚er	*mouth*
e Mütze, -n	*woollen hat*
e Nacht, ⸚e	*night*
e Nase, -n	*nose*
s Obst	*fruit*
s Papier	*paper*
e Pflanze, -n	*plant*
s Pflaster, -	*plaster*
r Pullover, -	*jumper*
r Rat, Ratschläge	*advice*
r Rücken, -	*back*
r Schmerz, -en	*pain*
r Schnupfen	*cold, catarrh*
s Spiel, -e	*match, game*
r Sport	*sport*
e Sprechstunde, -n	*surgery hours*
e Tablette, -n	*tablet, pill*
s Thema, Themen	*topic*

r Tip, -s	tip, advice	genau	exactly
r Tropfen, -	drop	häufig	frequently
s Verbandszeug	dressing material	höchstens	at the most
e Verstopfung	constipation	lange	long
r Wecker, -	alarm clock	plötzlich	suddenly
s Wochenende, -n	weekend	täglich	daily
r Zahn, ˸e	tooth	wirklich	really

adjectives

arm	poor
dick	fat
gebrochen	broken, fractured
gefährlich	dangerous
gesund	healthy
gleich	same
heiß	hot
krank	ill, sick
kühl	cool
müde	tired
nervös	nervous
reich	rich
schlimm	bad
schwer	heavy
vorsichtig	careful, cautious

function words

ander-	other, different
so viel	that much
über	about

expressions

ein bisschen	a little
Sport treiben	to play/do sports
weh tun	to hurt, to ache
zum Beispiel	for example

background

r Krankenschein, -e	medical insurance record card, presently being replaced by a plastic card to be presented on visits to the doctor

adverbs

bestimmt	certainly, definitely
bloß	only

Lektion 6

Grammar

1. Possessive articles in the nominative case (§ 6 p. 130)

The possessive articles in the nominative case complete the list of possessive articles to which you were introduced in Chapter 2.

Remember: Possessive articles are declined like the indefinite article *ein-*. However, *euer* is slightly different. It loses the -e- whenever an ending is added to it.

Ist das euer Lehrer?
Ist das eure Lehrerin?

owner / possession	ich	du	Sie	er	sie	es	wir	ihr	Sie	sie
der	mein	dein	Ihr	sein	ihr	sein	unser	euer	Ihr	Ihr
die	meine	deine	Ihre	seine	ihre	seine	unsere	eure	Ihre	ihre
das	mein	dein	Ihr	sein	ihr	sein	unser	euer	Ihr	ihr
plural	meine	deine	Ihre	seine	ihre	seine	unsere	eure	Ihre	ihre

1.1. Exercise:

Complete the sentences with the appropriate possessive articles.
Thomas and Anna (○) have visitors (□). They show them round their new flat.

□ Wie lange wohnt ihr schon hier?
○ Erst drei Wochen. Hier ist _____ Küche. Da schlafen wir.
□ Was? Sehr interessant. Wo ist denn _____ Schlafzimmer?
○ Hier ist _____ Schlafzimmer. Hier kochen wir.
□ Wie bitte? Ihr kocht im Schlafzimmer? Wie originell. Wo ist denn _____ Wohnzimmer?
○ Das hier ist _____ Wohnzimmer. Hier baden wir immer.
□ Und hier ist wohl _____ Bad?
○ Ja, das ist _____ Bad. Da wohnen wir.
□ Was? Ihr wohnt wirklich im Bad? _____ Wohnung ist ja sehr originell.

2. The perfect tense (§ 29, § 30 p. 140, § 37 p. 142)

2.1. The use of the perfect tense
The perfect tense is one of the most important tenses in German. It is used to express a completed action in the past.

Gestern <u>habe</u> ich meine Wohnung <u>aufgeräumt</u>.　　Yesterday I <u>tidied</u> up my flat.
Er <u>hat</u> letzten Sonntag Fußball <u>gespielt</u>.　　He <u>played</u> football last Sunday.
Er <u>hat</u> den ganzen Tag Fußball <u>gespielt</u>.　　He <u>was playing</u> football all day.
Ich <u>bin</u> heute um 7 Uhr <u>aufgestanden</u>.　　I <u>got up</u> at seven o'clock today.
Wir <u>sind</u> gestern nach London <u>gefahren</u>.　　We <u>went</u> to London yesterday.

As you can see from these examples the German perfect tense corresponds to the simple past (e.g. I played) or the past continuous tense (e.g. I was playing) in English.

Remember: Ich lerne schon 2 Jahre Deutsch.

Ich wohne erst 5 Monate in Hamburg.

These sentences do not describe a completed action in the past and therefore the present tense is used in German as opposed to the perfect tense in English.

2.2. The formation of the perfect tense

The perfect tense consists of two parts: the present tense of *haben* or *sein* and the past participle of the main verb. You will gradually have to learn the participles by heart, but it is useful to know that there are two groups of past participles:

a) The past participles of the first group are formed in the following way:

		prefix	verb stem	ending
fragen	→	ge	frag	t
spielen	→	ge	spiel	t
arbeiten	→	ge	arbeit	et

Remember: The stem of the verb does not change to form the past participle. The verbs belonging to this group are called weak verbs.

There are, however, some exceptions:

		prefix	changed verb stem	ending
bringen	→	ge	brach	t
denken	→	ge	dach	t
kennen	→	ge	kann	t
nennen	→	ge	nann	t

b) The past participles of the second group end in *-en* and the stem of the verb usually changes. You will find a list of these participles in most grammar books and dictionaries. The verbs belonging to this group are called strong verbs.

		prefix	changed verb stem	ending
nehmen	→	ge	nomm	en
trinken	→	ge	trunk	en
gehen	→	ge	gang	en

Remember: These past participles have to be learnt.

Most verbs in German form the perfect tense with *haben*. Verbs, however, that express a change, form the perfect tense with *sein*.

a) change of place (from A to B):

fahren: **Seid** ihr gestern nach Jena gefahren?

gehen: Wir **sind** sofort ins Hotel gegangen.

kommen: Warum **bist** du nicht gekommen?

Lektion 6

b) change of state:

aufwachen: Heute **bin** ich sehr spät aufgewacht. (I was asleep before.)

werden: Sie **ist** Ingenieurin geworden. (She was a student before.)

There are three more verbs that form the perfect tense with *sein:*

bleiben: Wie lange **bist** du in London geblieben?

passieren: Das **ist** Donnerstag passiert.

sein: Wo **bist** du gestern gewesen?

2.3. Sentence structure

preverbal position	verb 1	subject	qualifiers	complement	verb 2
Ich	habe			Fußball	gespielt.
Plötzlich	bin	ich			hingefallen.
Ich	bin		wieder		aufgestanden.

As you can see the conjugated verb *haben* or *sein* takes the position verb 1 and the past participle takes position the verb 2. Again, a bracket is formed as in the construction with the modal verbs (see chapter 3, 5.2.) and the construction with separable verbs (see chapter 4, 2.1.).

2.4. Exercise:

Complete the sentences with the conjugated form of *haben* or *sein.*

a) Thomas _____ das Essen bezahlt.

b) Wie _____ denn das passiert?

c) Wann _____ sie gegangen?

d) _____ du mit Karin getanzt?

e) Gestern _____ ich mit Claudia telefoniert.

f) Wann _____ du heute aufgestanden?

g) Max schläft noch. Er _____ gestern erst spät eingeschlafen.

h) Wir _____ Kaffee getrunken.

i) Lothar _____ nach Bochum umgezogen.

j) Wann _____ du die Prüfung gemacht?

2.5. Exercise:

Write the sentences a) – e) into the table below.

	preverbal position	verb 1	subject	qualifiers	complement	verb 2
a)						
b)						
c)						
d)						
e)						

3. The imperative (§ 26 p. 139, § 34 p. 141)

In addition to the two imperative forms you were introduced to in chapter 3 (5.3.) you are now learning the third form. It is used when addressing two or more people with *ihr*. Forming this imperative is very easy: all you do is leave out *ihr*.

ihr trinkt   →   Trinkt (doch) ein Glas Milch mit Honig!

ihr nehmt   →   Nehmt keine Medikamente!

The imperative forms of the verb *sein* are irregular:

Du bist nicht sehr vorsichtig.   →   Sei (doch) vorsichtig!

Ihr seid nicht sehr vorsichtig.   →   Seid (doch) vorsichtig!

Sie sind nicht sehr vorsichtig.   →   Seien Sie (doch) vorsichtig!

4. Modal verbs (§ 25 p. 139, § 35 p. 142)

You were introduced to some modal verbs in chapter 3 (5.2.) and chapter 4 (1.). In this chapter you are learning two more.

	wollen	sollen
ich	will	soll
du	willst	sollst
er, sie, es	will	soll
wir	wollen	sollen
ihr	wollt	sollt
sie, Sie	wollen	sollen

4.1. sollen/müssen, nicht sollen/nicht dürfen

müssen   is used to express an obligation or a necessity (see chapter 4, 1.)

sollen   is used to express the request, advice or wish of a third person.

      The doctor says to me: „Sie müssen mehr schlafen."

      I tell a friend what the doctor told me: Ich soll mehr schlafen.

nicht dürfen   is used to express that something is forbidden (see chapter 4, 1.)

nicht sollen   is used to express the request, advice or wish of a third person, but in the negative.

      The doctor says to me: „Sie dürfen nicht rauchen."

      I tell a friend what the doctor told me: Ich soll nicht rauchen.

4.2. wollen/möchten

Both verbs are used to express a wish. However, *wollen* implies a firm intention whilst *möchten* is used to express a polite request.

In den Ferien <u>will</u> ich nach Österreich fahren.

Was <u>möchten</u> Sie trinken?   –   Ich <u>möchte</u> gern eine Tasse Kaffee.

Lektion 6

5. Verbs with vowel change

In chapter 3 (3.) and 4 (3.) you were introduced to verbs whose stem changes in the second (du) and third (er, sie, es) person singular in the present tense. Here are more verbs that belong to the same group.

infinitive	first person	second person	third person	plural
eintreten	ich trete ein	**du trittst ein**	**er tritt ein**	…
helfen	ich helfe	**du hilfst**	**er hilft**	…
hinfallen	ich falle hin	**du fällst hin**	**er fällt hin**	…
laufen	ich laufe	**du läufst**	**er läuft**	…
vergessen	ich vergesse	**du vergisst**	**er vergisst**	…
werden	ich werde	**du wirst**	**er wir<u>d</u>**	…

1. Was passt nicht?

Nach Übung

1

im Kursbuch

a) Auge – Ohr – Bein – Nase

b) Arm – Zahn – Hand – Finger

c) Kopf – Gesicht – Augen – Fuß

d) Rücken – Bauch – Brust – Ohr

e) Bauch – Mund – Nase – Zahn

f) Zeh – Fuß – Hand – Bein

2. Ergänzen Sie.

Nach Übung

2

im Kursbuch

Nummer 1 ist *seine Nase*

Nummer 2 ist _____

Nummer 3 ist *ihr Arm*

Nummer 4 ist _____

Nummer 5 ist _____

Nummer 6 ist _____

Nummer 7 ist _____

Nummer 8 ist _____

Nummer 9 ist _____

Nummer 10 ist _____

Nummer 11 ist _____

Nummer 12 ist _____

Nummer 13 ist _____

Nummer 14 ist _____

Nummer 15 ist _____

Nummer 16 ist _____

3. Bilden Sie den Plural.

Nach Übung

2

im Kursbuch

a) _____ Hand, _____

b) _____ Arm, _____

c) _____ Nase, _____

d) _____ Finger, _____

e) _____ Gesicht, _____

f) _____ Fuß, _____

g) _____ Auge, _____

h) _____ Rücken, _____

i) _____ Bein, _____

j) _____ Ohr, _____

k) _____ Kopf, _____

l) _____ Zahn, _____

Lektion 6

Nach Übung

5
im Kursbuch

4. Welches Verb passt?

sein	brauchen	beantworten	verstehen	nehmen	haben

a) recht   Schmerzen   Grippe _____

b) Deutsch   ein Gespräch   das Problem _____

c) Tropfen   ein Bad   Medikamente _____

d) eine Frage   einen Brief   nicht alles _____

e) krank   schlimm   erkältet _____

f) Tabletten   einen Arzt   einen Rat _____

Nach Übung
6
im Kursbuch

5. Was muss Herr Kleimeyer tun? Was darf er nicht? Schreiben Sie.

a) erkältet
   im Bett bleiben
   schwimmen gehen
   Nasentropfen nehmen

Herr Kleimeyer ist erkältet.
Er muss im Bett bleiben.
Er darf nicht schwimmen gehen.
Er muss Nasentropfen nehmen.

b) nervös
   rauchen
   Gymnastik machen
   viel spazieren gehen

c) Kopfschmerzen
   nicht rauchen
   spazieren gehen
   Alkohol trinken

d) Magenschmerzen
   Tee trinken
   Wein trinken
   fett essen

e) zu dick
   viel Sport treiben
   Schokolade essen
   eine Diät machen

f) nicht schlafen können
   abends schwimmen gehen
   abends viel essen
   Kaffee trinken

g) Magengeschwür
   viel arbeiten
   den Arzt fragen
   vorsichtig leben

Nach Übung
6
im Kursbuch

6. „Können", „müssen", „dürfen", „sollen", „wollen", „möchten"?

a) Frau Moritz:
   Ich _____ jeden Monat zum Arzt
   gehen. Der Arzt sagt, ich _____
   dann am Morgen nichts essen und trinken,
   denn er _____ mein Blut
   untersuchen. Jetzt warte ich hier schon
   20 Minuten, und ich _____
   eigentlich gern etwas essen. Aber ich
   _____ noch nicht.

b) Herr Becker:
   Ich habe immer Schmerzen im Rücken. Der
   Arzt sagt, ich _____ Tabletten nehmen. Aber das _____ ich nicht,
   denn dann bekomme ich immer Magenschmerzen. Meine Frau sagt, ich
   _____ jeden Morgen Gymnastik
   machen. Aber das _____ ich
   auch nicht, denn ich habe oft keine Zeit.
   Meine Kollegen meinen, ich _____
   zu Hause bleiben, aber ich _____
   doch Geld verdienen.

c) Herr Müller:

Ich habe Schmerzen im Bein. Ich _____ nicht gut gehen. Der Arzt sagt, ich
_____ oft schwimmen gehen, aber ich habe immer so wenig Zeit. Ich
_____ bis 18 Uhr arbeiten.

d) Karin:

Ich _____ nicht zum Doktor, denn er tut mir immer weh. Ich _____
keine Tabletten nehmen. Immer sagt er, ich _____ morgens, mittags und abends
Tabletten nehmen. Ich _____ das nicht mehr.

7. „Müssen" oder „sollen"? „Nicht dürfen" oder „nicht sollen"?

Nach Übung

6

im Kursbuch

○ Herr Doktor, ich habe immer so Magenschmerzen.

□ Herr Keller, Sie müssen vorsichtig sein, Sie
dürfen nicht so viel arbeiten.

□ Herr Doktor, ich habe immer...

○ Herr Keller,

a) Sie _*müssen*_ viel schlafen. →

b) Sie _____ viel Obst essen. →

c) Sie _____ nicht Fußball spielen. →

d) Sie _____ Tabletten nehmen. →

e) Sie _____ keinen Kuchen essen. →

f) Sie _____ nicht so viel rauchen. →

g) Sie _____ oft schwimmen gehen. →

h) Sie _____ keinen Wein trinken. →

i) Sie _____ nicht fett essen. →

○ Was sagt der Arzt, Markus?

□ Er sagt, ich soll vorsichtig sein, und ich soll
nicht so viel arbeiten.

□ Was sagt der Arzt, Markus?

○ Er sagt,

ich soll viel schlafen.

_____

_____

_____

_____

_____

_____

_____

_____

Lektion 6

Nach Übung

9

im Kursbuch

8. Bilden Sie den Imperativ.

☐ Was soll ich denn machen?
a) schwimmen gehen
○ *Geh doch schwimmen!*
b) eine Freundin besuchen
c) Freunde einladen
d) spazieren gehen
e) etwas lesen
f) eine Stunde schlafen
g) das Kinderzimmer aufräumen
h) einen Brief schreiben
i) einkaufen gehen
j) das Geschirr spülen
k) das Abendessen vorbereiten
l) fernsehen
m) endlich zufrieden sein

Nach Übung

10

im Kursbuch

9. Wie heißt das Gegenteil?

neu   krank   un-···   hässlich   un-···

gleich   zusammen   un-···   kalt   sauer

ruhig   un-···   un-···   un-···

hell   un-···   klein   un-···   leise   dick

geschlossen   schlecht   un-···   schwer   un-···

a) alt _____
b) gefährlich _____
c) glücklich _____
d) bequem _____
e) gut _____
f) modern _____
g) vorsichtig _____
h) zufrieden _____

i) leicht _____
j) heiß _____
k) nervös _____
l) süß _____
m) ehrlich _____
n) gesund _____
o) schlank _____
p) verschieden _____

q) schön _____
r) günstig _____
s) wichtig _____
t) laut _____
u) groß _____
v) dunkel _____
w) geöffnet _____
x) getrennt _____

10. Ilona Zöllner hat auf dem Schiff „MS Astor" Urlaub gemacht. Was hat sie dort jeden Tag gemacht? Schreiben Sie.

Nach Übung
15
im Kursbuch

a) _Um halb neun ist..._

b) _Dann..._

c) _Danach..._

d) _Sie hat..._

e) _und..._

f) _Um ein Uhr..._

g) _Von drei bis vier Uhr..._

h) _Dann..._

i) _Um fünf Uhr..._

j) _Danach..._

k) _Um sechs Uhr..._

l) _Abends..._

Lektion 6

11. Ihre Grammatik. Ergänzen Sie.

* Perfekt mit sein

Infinitiv	Partizip II	Infinitiv	Partizip II	Infinitiv	Partizip II
anfangen	angefangen		funktioniert		geschnitten
	angerufen		gegeben		geschrieben
	geantwortet		gegangen*		geschwommen*
	gearbeitet		geglaubt		gesehen
	aufgehört		geguckt		gewesen*
	aufgemacht		gehabt		spazieren
	aufgeräumt		geheißen		gegangen*
	aufgestanden*		geholfen		gespielt
	ausgegeben		hergestellt		gesprochen
	ausgesehen		geholt		gespült
	gebadet		gehört		stattgefunden
	gebaut		informiert		gestanden
	beantwortet		gekauft		gestimmt
	bedeutet		gekannt		gestört
	bekommen		geklingelt		studiert
	beschrieben		gekocht		gesucht
	bestellt		gekommen*		getanzt
	besucht		kontrolliert		telefoniert
	bezahlt		korrigiert		getroffen
	geblieben*		gekostet		getrunken
	gebraucht		gelebt		getan
	gebracht		geliehen		umgezogen*
	diskutiert		gelernt		verboten
	geduscht		gelesen		verdient
	eingekauft		gelegen		vergessen
	eingeladen		gemacht		verglichen
	eingeschlafen*		gemeint		verkauft
	entschieden		gemessen		verstanden
	erzählt		mitgebracht		vorbereitet
	gegessen		genommen		vorgehabt
	gefahren*		gepasst		gewartet
	gefeiert		passiert*		gewaschen
	ferngesehen		geraucht		weitergesucht
	gefunden		gesagt		gewusst
	fotografiert		geschaut		gewohnt
	gefragt		geschlafen		gezeichnet
	gefrühstückt		geschmeckt		zugehört

12. Ergänzen Sie die Übersicht.

Sie finden Beispiele in Übung 11.

Nach Übung

15

im Kursbuch

-t		-en	
	ge ____ t		ge ____ en
hat	gekauft	hat	getroffen
___	___	___	___
___	___	___	___
___	___	___	___
___	___	___	___
___	___	___	___
hat	gearbeitet	ist	gegangen
___	___	___	___
___	___	___	___
___	___	___	___
	____ ge ____ t		____ ge ____ en
hat	aufgeräumt	hat	ferngesehen
___	___	___	___
___	___	___	___
___	___	ist	eingeschlafen
___	___	___	___
___	___	___	___
	____ t		____ en
hat	verkauft	hat	bekommen
___	___	___	___
___	___	___	___
___	___	___	___

Lektion 6

Nach Übung
15
im Kursbuch

13. Welche Form passt nicht in die Gruppe?

a) A) angefangen
   B) eingeschlafen
   C) eingekauft
   D) mitgekommen

c) A) gefragt
   B) geschlafen
   C) gehabt
   D) gefrühstückt

e) A) aufgehängt
   B) hergestellt
   C) mitgenommen
   D) aufgeräumt

g) A) gebraucht
   B) gearbeitet
   C) gewartet
   D) geantwortet

b) A) geschrieben
   B) umgezogen
   C) gegangen
   D) geblieben

d) A) geholfen
   B) genommen
   C) gesprochen
   D) gekauft

f) A) passiert
   B) fotografiert
   C) ferngesehen
   D) studiert

h) A) geschwommen
   B) gefunden
   C) getrunken
   D) gesucht

Nach Übung
15
im Kursbuch

14. Welches Wort passt?

a) Sie müssen _____ zum Arzt gehen.
b) Mein Magen hat _____ weh getan, ich habe sofort eine Tablette genommen.
c) Was hast du denn _____ gemacht?
d) Ich bin nicht wirklich krank, ich bin _____ ein bißchen erkältet.
e) 5000 Mark, das ist _____! Ich bezahle _____ 3000.
f) ○ _____ gehst du denn schwimmen?
   □ Nicht so _____, nur jeden Montag.
g) Bis Sonntag bist du _____ wieder gesund.
h) Möchtest du noch _____ Milch?
i) Du musst _____ mitkommen, es ist sehr wichtig.
j) Ich habe nicht viel Zeit, _____ eine Stunde.
k) Ich kann nicht mitspielen. Ich bin _____ krank.

bestimmt · bloß · gar nicht · oft · ein bisschen · gern · nur · häufig · höchstens · unbedingt · wic lange · wie oft · plötzlich · fast · spät · selbst · wirklich · unbedingt · zu viel · höchstens

Nach Übung
17
im Kursbuch

15. Bilden Sie den Imperativ.

□ Was sollen wir denn machen?
a) schwimmen gehen
   ○ *Geht doch schwimmen !*

b) Musik hören
c) Freunde besuchen
d) Freunde einladen
e) Fußball spielen
f) einkaufen gehen
g) für die Schule arbeiten
h) fernsehen
i) ein bisschen aufräumen
j) ein Buch lesen
k) spazieren gehen
l) Musik machen
m) endlich zufrieden sein

16. Ihre Grammatik. Ergänzen Sie den Imperativ.

Nach Übung
17
im Kursbuch

	du	ihr	Sie
kommen		*kommt*	
geben			
essen	*iss*		
lesen			
nehmen			
sprechen			*sprechen Sie*
vergessen			
einkaufen			
(ruhig) sein			

17. Ihre Grammatik. Ergänzen Sie.

Nach Übung
17
im Kursbuch

a) Nehmen Sie abends ein Bad.

b) Ich soll abends ein Bad nehmen.

c) Sibylle hat abends ein Bad genommen.

d) Trink nicht so viel Kaffee!

	Vorfeld	Verb$_1$	Subj.	Angabe	Ergänzung	Verb$_2$
a) _____	*Nehmen*	*Sie*	*abends*	*ein Bad !*		
b) _____						
c) _____						
d) _____						

18. Schreiben Sie einen Brief.

Nach Übung
20
im Kursbuch

Sie haben einen Skiunfall gehabt. Schreiben Sie an einen Freund/eine Freundin.

am Nachmittag Ski gefahren   zum Arzt gegangen

Fuß hat sehr weh getan   fantastisch

nicht vorsichtig gewesen

nicht mehr Ski fahren dürfen

schon zwei Wochen in Lenggries   gefallen

morgen nach Hause fahren   aber gestern Unglückstag

Lenggries, ...

Lieb ...
ich bin schon zwei ...
Der Urlaub war ...
Aber gestern ...

Lektion 7

Vocabulary

verbs

abfahren	*to depart, to set off*
abholen	*to pick up, to fetch*
abstellen	*to switch off*
ansehen	*to look at*
anstellen	here: *to switch on*
ausmachen	*to switch off*
aussteigen	*to get out of, to get off*
ausziehen	*to move out*
einsteigen	*to get in, to get on*
fallen	*to fall*
geben	*to give*
gewinnen	*to win*
gießen	*to water*
heiraten	*to get married*
kennen lernen	*to meet (for the first time)*
kündigen	*to give notice*
lassen	*to let*
losfahren	*to set off*
malen	*to paint*
merken	*to notice*
operieren	*to operate on*
parken	*to park*
putzen	*to clean*
rufen	*to call*
sitzen	*to sit*
telefonieren	*to telephone, to call*
tragen	here: *to wear*
überlegen	*to think, to consider*
vorbeikommen	*to call in, to drop in*
wecken	*to wake (sb) up*
wegfahren	*to go away*
weinen	*to cry, to weep*

nouns

e Adresse, -n	*address*
r April	*April*
r August	*August*
e Autobahn, -en	*motorway, highway*
e Bank, ̈e	*bench*
r Bericht, -e	*report*
r Besuch, -e	*visit*
e Blume, -n	*flower*
r Boden, ̈	here: *floor*
r Brief, -e	*letter (mail)*
s Büro, -s	*office*
e Decke, -n	here: *ceiling*
r Dezember	*December*
s Fahrrad, ̈er	*bicycle*
e Farbe, -n	*colour, paint*
r Februar	*February*
e Freundin, -nen	*female friend*
r Freund, -e	*male friend*
e Haltestelle, -n	*busstop, tramstop*
r Handwerker, -	*skilled manual worker (e.g. decorator, plumber)*
e Heizung	*heating (system)*
e Jacke, -n	*jacket, coat*
r Januar	*January*
r Juni	*June*
e Katze, -n	*cat*
r Kindergarten, ̈	*nursery school, kindergarten*
r Knopf, ̈e	*button*
r Lehrling, -e	*apprentice*
s Loch, ̈er	*hole*
r Mai	*May*
r Maler, -	here: *decorator*
r Mann, ̈er	*man, male person*
r März	*March*
e Möglichkeit, -en	*possibility, option*
r November	*November*
r Oktober	*October*
r Parkplatz, ̈e	*car park*
s Pech	*bad luck*
e Polizei	*police*
e Polizistin, -nen	*policewoman*
r Polizist, -en	*policeman*
e Prüfung, -en	*exam*

e Reise, -n	*journey, trip*
e Sache, -n	*thing*, here: *matter*
e Schule, -n	*school*
r September	*September*
e Stadt, ¨e	*town, city*
r Supermarkt, ¨e	*supermarket*
s Theater, -	*theatre*
e Treppe, -n	*stairs*
e Tür, -en	*door*
r Unfall, ¨e	*accident*
r Vater, ¨	*father*
e Wand, ¨e	*wall*
e Welt	*world*
r Zettel, -	*piece of paper, note*

adjectives

falsch	*wrong*
schrecklich	*terrible, dreadful*
still	*quiet, silent*

adverbs

allein	*alone, by oneself*
auf einmal	*suddenly*

außerdem	*in addition, as well*
diesmal	*this time*
einfach	*simply*
gerade	*at this moment*
gestern	*yesterday*
letzt-	*last*
selbstverständlich	*certainly, naturally*
wieder	*again*

expressions

Besuch haben	*to have visitors*
Bis bald!	*See you soon!*
da sein	*to be around*
ein paar	*a few, some*
Grüß dich!	*Hello, hi!*
Klar!	*Of course!*
nach Hause	*(to go) home*
verabredet sein	*to have arranged to meet sb, to have a date*
weg sein	*to be away*

Lektion 7

Grammar

1. The perfect tense: additional features in the formation of past participles
(§ 30 p. 140, § 37 p. 142)

You learnt in the previous chapter how to express actions in the past by using the perfect tense. For the formation of this tense you need to know the past participles of every single verb, which you will gradually learn.

Remember: there are weak and strong verbs.

ex.
4
5
9

1.1. The past participles of separable verbs

When forming the past participle of a separable verb *ge-* goes between the prefix and the rest of the verb.

weak separable verbs			strong separable verbs		
aufhängen	→	hat auf**ge**hängt	anfangen	→	hat an**ge**fangen
einkaufen	→	hat ein**ge**kauft	ausgeben	→	hat aus**ge**geben
herstellen	→	hat her**ge**stellt	fernsehen	→	hat fern**ge**sehen
vorhaben	→	hat vor**ge**habt	umziehen	→	ist um**ge**zogen
zuhören	→	hat zu**ge**hört	stattfinden	→	hat statt**ge**funden
mitbringen	→	hat mit**ge**bracht	hinfallen	→	ist hin**ge**fallen

1.2. Past participles without ge-
The following verbs form their past participle without *ge-*:

1.2.1. verbs with the prefixes be-, ent-, er-, and ver-. These verbs are called non-separable verbs.

weak non-separable verbs			strong non-separable verbs		
besuchen	→	hat besucht	bekommen	→	hat bekommen
bedienen	→	hat bedient	beschreiben	→	hat beschrieben
entschuldigen	→	hat entschuldigt	entscheiden	→	hat entschieden
erzählen	→	hat erzählt			
erkennen	→	hat erkannt			
verdienen	→	hat verdient	verbieten	→	hat verboten
verkaufen	→	hat verkauft	vergessen	→	hat vergessen

1.2.2. verbs ending in -ieren. They are always weak.

diskutieren	→	hat diskutiert
operieren	→	hat operiert
passieren	→	ist passiert

2. The simple past tense of *haben* and *sein* (§ 28 p. 139)

ex.
6
7

The German language has two tenses expressing actions in the past, the perfect tense which is mainly used in spoken German and in personal letters, and the simple past tense which is mainly used in formal written German. The verbs *haben* and *sein*, however, are mainly used in the simple past tense both in spoken and written German.

	ich	du	er, sie, es	wir	ihr	sie, Sie
haben	hatte	hattest	hatte	hatten	hattet	hatten
sein	war	warst	war	waren	wart	waren

○ Was habt ihr am Wochenende gemacht?
○ Samstag waren wir zu Hause. Am Vormittag haben wir eingekauft. Am Nachmittag haben wir im Garten gearbeitet. Abends hatten wir Besuch.

These sentences demonstrate that you still use the simple past tense of *haben* and *sein* even if the rest of the text is in the perfect tense.

3. Verbs with vowel change

Here are some more verbs that have a vowel change in the second (du) and third person (er, sie, es) singular:

infinitive	first person	second person	third person	plural
geben	ich gebe	du gibst	er gibt	…
lassen	ich lasse	du lässt	er lässt	…
tragen	ich trage	du trägst	er trägt	…

4. Expressions of place

4.1. The preposition *in* taking the dative or the accusative case (§ 16 p. 135)

ex.
10
11
12

The preposition *in* can either take the dative or the accusative case.
a) It takes the accusative case if the verb expresses a movement from A to B. The interrogative *wohin?* is used to ask about the destination of the movement (see chapter 1, 4.4.).
○ **Wohin** geht Frau Winter?   ○ Sie geht **in den** Supermarkt.
b) It takes the dative case if the verb expresses an activity in one place or movement within a limited space (see chapter 5, 3.). The interrogative *wo?* is used for this place (see chapter 1, 4.4.).
○ **Wo** arbeitet Frau Winter?   ○ Sie arbeitet **im** Supermarkt.
○ **Wo** geht sie spazieren?   ○ Sie geht **im** Park spazieren.

Lektion 7

nominative case	accusative case/wohin?	dative case /wo?
der Park	den Park / in den Park gehen	dem Park / im (= in dem) Park
die Küche	die Küche / in die Küche	der Küche / in der Küche
das Haus	das Haus / ins (= in das) Haus	dem Haus / im (= in dem) Haus

4.2. The prepositions *in, zu, nach* (§ 16a p. 135, § 45 p. 145)

The three prepositions *in* (+ accusative), *zu* and *nach* are used to express movement from A to B and can all be translated into English by *to* or *into*. They are, however, used in different contexts.

	usage	examples
in	movement into a building, a room or space that is perceived as three-dimensional or a country with an article (in + acc)	Frau Müller geht in den Supermarkt. Frau Müller geht in die Küche. Frau Müller geht in den Wald. Sie fährt in die Schweiz.
zu	movement to a place, a person or a person's house (zu + dat, zu + name)	Karl geht zur Haltestelle. Er geht heute Abend zu Sabine. Er geht zum Arzt.
nach	movement to a country (without an article), town, village, or island (nach + geographical name) and *nach Hause*.	Sie fliegt morgen nach Amerika, zuerst nach New York und dann nach Hawaii. Ich gehe jetzt nach Hause.

Remember: This is how you use the preposition *zu*:

with names:	Ich gehe <u>zu</u> Sabine.
with masculine nouns:	Ich gehe <u>zum</u> Supermarkt. (derived from zu + dem)
with feminine nouns:	Ich gehe <u>zur</u> Haltestelle. (derived from zu + der)
with neuter nouns:	Ich gehe <u>zum</u> Hotel. (derived from zu + dem)

4.3. Exercise:

Accusative or dative case? Tick the correct option.

a) Ich bin am Mittwoch | (1) im | (2) ins | Theater gewesen.

b) Lisas Bein hat sehr weh getan und wir haben sie | (1) im | (2) ins | Krankenhaus gebracht.

c) Kommst du heute Abend mit | (1) in der | (2) in die | Diskothek?

d) Frau Karles bringt jeden Tag die Kinder | (1) in den | (2) im | Kindergarten.

e) Deine Bücher liegen | (1) im | (2) ins | Wohnzimmer.

f) Mach doch bitte das Licht | (1) in die | (2) in der | Garage aus.

g) Geh bitte | (1) in die | Garage und mach das Licht aus.
| (2) in der |

h) Wir haben | (1) im | Restaurant Adler gegessen.
| (2) ins |

i) Ich habe die Jacke | (1) im | Schrank getan.
| (2) in den |

j) Die Jacke ist | (1) im | Schrank.
| (2) in den |

4.4. Exercise:

Please complete the sentences with *wo?* or *wohin?*.

a) ○ _____ fährt Heike Ski?   ☐ In Lenggries.
b) ○ _____ hast du meine Hose getan? ☐ In den Schrank.
c) ○ _____ habt ihr Maria gebracht?   ☐ Zur Haltestelle.
d) ○ _____ war Jochen gestern abend? ☐ In der Diskothek.
e) ○ _____ fliegt Herr Heinemann?   ☐ Nach Frankfurt.
f) ○ _____ ist der Unfall passiert?   ☐ Im Schwimmbad.

4.5. Exercise:

Please complete the text with the prepositions *in, zu* or *nach*.

Liebe Mutti,
die Schiffsreise _____ Griechenland ist herrlich. Morgens stehen Peter und ich immer erst gegen 10 Uhr auf. Dann gehen wir _____ Schiffsrestaurant und frühstücken. Ich gehe dann oft _____ Frisör oder _____ Sauna. Wir haben hier Julia und Romano kennengelernt. Die sind sehr nett. Peter geht oft _____ Romano, und dann spielen sie zusammen Karten. Morgen wollen wir einen Landausflug _____ Kreta machen. Wir fahren mit dem Bus _____ Knossos und besuchen das Labyrinth von König Minos. Interessant, oder?

Herzliche Grüße
deine Maria

5.   Expressions of time

5.1. The use of the prepositions *in* and *an* in expressions of time

You have already been introduced to the prepositions *in* and *an* in the context of expressions of place. They are also used in expressions of time when they always use the dative case.

an + days of the week and times of the day	in + months and seasons
am Montag, am Dienstag …	im Januar, im Februar …
am Morgen, am Vormittag …	im Sommer, im Frühling, im Herbst,
(**but:** in der Nacht)	im Winter
am Wochenende	

Lektion 7

5.2. The use of *jed-*, *nächst-* and *letzt-* in expressions of time

The words *jed-* (every), *nächst-* (next) and *letzt-* (last) in the accusative case and without an article can be used in expressions of time.

der Montag	jeden Montag (every Monday)	nächsten Montag (next Monday)	letzten Montag (last Monday)
die Woche	jede Woche (every week)	nächste Woche (next week)	letzte Woche (last week)
das Jahr	jedes Jahr (every year)	nächstes Jahr (next year)	letztes Jahr (last year)

6. Personal pronouns in the accusative case (§ 11 p. 133, § 41 p. 144)

In chapter 2 you were introduced to the personal pronouns in the nominative case. In this chapter you learn the third person singular and plural of the personal pronouns in the accusative case. They replace nouns in the accusative case to avoid repetition (see chapter 2, 1.).

	nominative	accusative
masc.	**Der Hund** hat Hunger.	Du musst **ihn** (= den Hund) füttern.
fem.	**Die Wohnung** ist billig.	Ich habe **sie** (= die Wohnung) sofort gemietet.
neut.	**Das Zimmer** ist schön.	Jemand hat **es** (= das Zimmer) aufgeräumt.
plural	**Die Schuhe** sind sauber.	Ich habe **sie** (= die Schuhe) geputzt.

7. Sentence structure (§ 38 p. 143, § 46 p.146)

preverbal position	verb 1	subject	complement	qualifiers	complement	verb 2
Um 7.00 Uhr	muss	Herr Kolb			Jens	wecken.
Dann	muss	er	ihn	sofort		anziehen.
Um halb acht	**muss**	**er**	**Jens**		**in die Schule**	**bringen**.
Danach	muss	er			die Wäsche	waschen.
Er	**muss**		**sie**		**in den Schrank**	**tun**.

As you can see from the table above there are sentences with two complements. One complement is between the subject position and that of the modifiers. Complements that express the destination of a movement take the complement position before the position verb 2. The personal pronouns in the accusative case virtually always follow the subject position. They rarely take the preverbal position and never the complement position before position verb 2.

7.1. Exercise:

Change the word order. Write down all possible options.

a) Um 7.40 Uhr muss er Jens in den Kindergarten bringen.

1. _____
2. _____
3. _____

b) Sie muss zwei Wochen im Krankenhaus bleiben.

1. _____
2. _____

7.2. Exercise:

Replace the noun in the accusative case by a personal pronoun. Watch your word order.

a) Kannst du bitte die Katze füttern? _____

b) Ich habe gestern das Bad geputzt. _____

c) Du musst unbedingt den Keller aufräumen. _____

d) Hast du auch im Wohnzimmer die Heizung angestellt? _____

e) Bitte wasch morgen die Wäsche. _____

Lektion 7

Nach Übung

2

im Kursbuch

1. Welches Verb passt?

a) einen Brief   eine Karte   ein Buch   einen Satz   _____
b) Wasser   Saft   Bier   Kaffee   Tee   _____
c) das Auto   die Wäsche   die Hände   die Füße   _____
d) eine Prüfung   das Essen   einen Ausflug   ein Foto   _____
e) einen Kaffee   das Essen   eine Suppe   Wasser   _____
f) Deutsch   Ski fahren   einen Beruf   kochen   _____
g) Fahrrad   Auto   Ski   _____
h) ins Büro   ins Theater   tanzen   ins Bett   einkaufen   _____
i) Freunde   Jochen   Frau Baier   einen Kollegen   _____
j) Lebensmittel   Obst   im Supermarkt   _____

einkaufen   fahren
gehen   treffen
kochen   lernen
machen   waschen
schreiben
trinken

Nach Übung

2

im Kursbuch

2. Was hat Familie Tietjen am Sonntag gemacht? Schreiben Sie.

a) Frau Tietjen

Am Morgen: lange schlafen
                  duschen
Am Mittag: das Essen kochen
Am Nachmittag: Briefe schreiben
                  Radio hören
Am Abend: das Abendessen machen
                  die Kinder ins Bett bringen

Am Morgen hat sie lange geschlafen und dann
Am Mittag hat sie _____
Am Nachmittag _____
Am _____

b) Herr Tietjen

Am Morgen: mit den Kindern frühstücken
                  Auto waschen
Am Mittag: das Geschirr spülen
Am Nachmittag: im Garten arbeiten
                  mit dem Nachbarn sprechen
Am Abend: im Fernsehen einen Film sehen
Um halb elf: ins Bett gehen

c) Sonja und Ulla

Am Morgen: im Kinderzimmer spielen
                  Bilder malen
Am Mittag: um halb eins essen
Am Nachmittag: Freunde treffen
                  zu Oma und Opa fahren
Am Abend: baden
                  im Bett lesen

3. Ihre Grammatik. Lesen Sie zuerst das Grammatikkapitel 29 auf S. 140 im Kursbuch. Ergänzen Sie dann.

Nach Übung

2

im Kursbuch

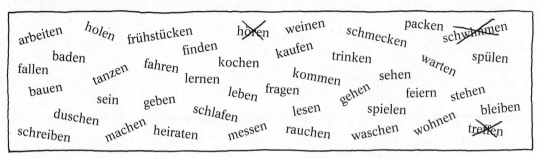

arbeiten   holen   frühstücken   ~~hören~~   weinen   schmecken   packen   ~~schwimmen~~
baden   finden   kaufen   trinken   warten   spülen
fallen   tanzen   fahren   kochen   kommen   sehen
bauen   lernen   fragen   gehen   feiern   stehen
sein   geben   leben   lesen   spielen   bleiben
duschen   schlafen   wohnen
schreiben   machen   heiraten   messen   rauchen   waschen   ~~treffen~~

a) ge–t (ge–et)

hat | *gehört*
    | ...

b) ge–en

hat | *getroffen*
    | ...

ist | *geschwommen*
    | ...

4. Der Privatdetektiv Holler hat Herrn Arendt beobachtet und Notizen gemacht.

Nach Übung

3

im Kursbuch

a) Ergänzen Sie die Notizen.

anrufen   trinken   sein   spazieren gehen   bringen
~~kommen~~   kaufen   warten   fahren   lesen
sprechen   einkaufen   gehen   parken

Dienstag, 7. Juni

7.30 Uhr	aus dem Haus *gekommen*.
7.32 Uhr	an einem Kiosk eine Zeitung _____
7.34 – 7.50 Uhr	im Auto _____ und Zeitung _____
7.50 Uhr	zum City-Parkplatz _____
8.05 Uhr	auf dem City-Parkplatz _____
8.10 Uhr	in ein Café _____ und einen Kaffee _____
8.20 Uhr	mit einer Frau _____
bis 9.02 Uhr	im Café _____
bis 9.30 Uhr	im Stadtpark _____
9.30 Uhr	im HL-Supermarkt Lebensmittel _____
9.40 Uhr	Lebensmittel ins Auto _____
9.45 Uhr	in einer Telefonzelle jemanden _____

Lektion 7

b) Was hat Herr Arendt gemacht? Schreiben Sie Sätze.

Um 7.30 Uhr ist Herr A. aus dem Haus gekommen. Er...
Dann ...   *Um 7.50 Uhr ...*

Nach Übung

4

im Kursbuch

5. Ihre Grammatik. Lesen Sie zuerst das Grammatikkapitel 30 auf S. 140 im Kursbuch. Ergänzen Sie dann.

bleiben   anrufen   fernsehen   glauben   mitbringen   antworten
klingeln   spazieren gehen   leihen   umziehen   einschlafen   sehen
aufmachen   kommen   aufräumen   fallen   aufstehen   zuhören   suchen
herstellen   wissen   kennen lernen   wegfahren   stattfinden   überlegen
vorbereiten   verkaufen   weitersuchen   hören

a)
-ge–t (-ge–et)

hat | *zugehört*
    | ...

ge–t (ge–et)

hat | *gehört*
    | ...

–t (–et)

hat | *verkauft*
    | ...

b)
-ge–en

hat | *ferngesehen*
    | ...

ist | *aufgestanden*
    | ...

ge–en

hat | *gesehen*
    | ...

ist | *geblieben*
    | ...

Nach Übung

5

im Kursbuch

6. Das Präteritum von „sein" und „haben".

a) ○ Was ist passiert?
   □ Ich _____ Pech, ich bin gefallen.

b) ○ Warum seid ihr am Dienstag nicht gekommen? Wo _____ ihr?
   □ Wir _____ zu Hause. Wir _____ Besuch.

c) ○ Welchen Beruf _____ dein Großvater?
   □ Er _____ Bäcker.

d) ○ Wie geht es den Kindern?
   □ Jetzt wieder gut; aber sie _____ beide Grippe und _____ zehn Tage nicht in der Schule.

e) ○ Warum sprichst du nicht mehr mit Thomas? _____ ihr Streit?
   □ Ja!

f) ○ Warum hast du so lange nicht angerufen? _____ du keine Zeit oder _____ du im Urlaub?
   □ Nein, ich _____ einen Unfall und _____ drei Wochen im Krankenhaus.

g) ○ Wie war Ihre Reise? _____ Sie keine Probleme?
   □ Nein, alles _____ in Ordnung.

7. Ihre Grammatik. Ergänzen Sie.

Nach Übung
5
im Kursbuch

	ich	du	er, sie, es, man	wir	ihr	sie, Sie
sein	war					
haben	hatte					

8. Welches Wort passt nicht?

Nach Übung
6
im Kursbuch

a) ausziehen – Wohnung – wegfahren – mieten – umziehen – kündigen
b) Pech – Krankenhaus – Ärztin – operieren – Medikament – Apotheke
c) Polizist – Chef – Arzt – Bäcker – Kellner – Frisörin
d) wissen – kennen – kennen lernen – lernen – mitnehmen
e) Tür – Fenster – Treppe – Sache – Wand
f) ein paar – wenige – viele – alle – auch
g) überlegen – gewinnen – meinen – glauben
h) grüßen – malen – zeichnen – schreiben
i) Unfall – Fahrrad – Polizist – hinfallen – verabredet sein
j) holen – bringen – fallen – mitnehmen

9. Ergänzen Sie.

Nach Übung
6
im Kursbuch

> fotografieren   verstehen   operieren   bezahlen   erzählen   sagen
> bekommen   bestellen   verkaufen   besuchen   vergessen

a) ○ Hast du selbst _____?
   □ Nein, Ludwig hat die Fotos gemacht.
b) ○ Haben Sie schon _____?
   □ Nein! Ich möchte bitte ein Hähnchen mit Salat.
c) ○ Warum gehst du zu Fuß? Hast Du dein Auto _____?
   □ Nein, es ist kaputt.
d) ○ Haben Sie meinen Brief schon _____?
   □ Nein, noch nicht.
e) ○ Wo wart ihr?
   □ Im Krankenhaus. Wir haben Thomas _____. Man hat ihn
   _____.
f) ○ Was haben Sie _____? Ich habe Sie nicht _____. Es ist
   so laut hier.
g) ○ Hast du die Rechnung schon _____?
   □ Nein, das habe ich _____. Entschuldigung!
h) ○ Woher weißt du das?
   □ Regina hat das _____.

Lektion 7

Nach Übung

9

im Kursbuch

10. Bilden Sie Sätze.

a) Pullover   → Kommode
b) Bücher   → Regal
c) Geschirr   → Küche
d) Fußball   → Kinderzimmer
e) Geschirr   → Spülmaschine
f) Flaschen   → Keller
g) Film   → Kamera
h) Papier   → Schreibtisch
i) Butter   → Kühlschrank
j) Wäsche   → Waschmaschine
k) Kissen   → Wohnzimmer

Nach Übung

9

im Kursbuch

11. Wo ist...? Schreiben Sie.

a) ○ Wo ist mein Mantel?   (Schrank)   ○ *Im Schrank*
b) ○ Wo ist mein Fußball?   (Garten)   ○ _____
c) ○ Wo ist mein Pullover?   (Kommode)   ○ _____
d) ○ Wo sind meine Bücher?   (Regal)   ○ _____
e) ○ Wo ist mein Briefpapier? (Schreibtisch) ○ _____
f) ○ Wo sind meine Schuhe?   (Flur)   ○ _____
g) ○ Wo ist mein Koffer?   (Keller)   ○ _____

Nach Übung

9

im Kursbuch

12. „In"+Akkusativ oder „in"+Dativ? Ergänzen Sie.

„in dem" = „im", „in das" = „ins"

a) *in der* Bibliothek | arbeiten
   _____ Krankenhaus
   _____ Kindergarten

b) _____ Wohnung | bleiben
   _____ Garten
   _____ Zimmer

c) _____ Garage | fahren
   _____ Parkhaus
   _____ Stadt

d) _____ Kinderzimmer | spielen
   _____ Garten
   _____ Wohnung

e) _____ Stadt | spielen
   _____ Park
   _____ Wald

f) _____ Diskothek | tanzen
   _____ Wohnzimmer
   _____ Garten

g) _____ Tasse | gießen
   _____ Flasche
   _____ Glas

h) _____ Telefonzelle | tele-
   _____ Hotel | fonieren
   _____ Auto

i) _____ Schlafzimmer | bringen
   _____ Keller
   _____ Küche

j) _____ Koffer | tun
   _____ Tasche
   _____ Regal

13. Ergänzen Sie.

Nach Übung

10

im Kursbuch

a) Pullover: waschen / Schuhe: *putzen*

b) Spülmaschine: abstellen / Licht: _____

c) Kopf: Mütze / Füße: _____

d) spielen: Kindergarten / lernen: _____

e) Katze: füttern / Blume: _____

f) Geld: leihen / Wohnung: _____

g) abends: ins Bett bringen / morgens: _____

h) aus: abstellen / an: _____

i) schreiben: Brief / anrufen: _____

j) fantastisch: gut / schrecklich: _____

14. „Ihn", „sie" oder „es"? Was passt?

Nach Übung

10

im Kursbuch

a) ○ Ist Herr Stoffers wieder zu Hause?
   □ Ja, ich habe _____ gestern gesehen.

b) ○ Ist der Hund von Frau Wolters wieder gesund?
   □ Nein, sie bringt _____ morgen zum Tierarzt.

c) ○ Ist Frau Zenz immer noch im Krankenhaus?
   □ Nein, ihre Schwester hat _____ gestern nach Hause gebracht.

d) ○ Ist die Katze von Herrn Wilkens wieder da?
   □ Ich glaube nein. Ich habe _____ lange nicht gesehen.

e) ○ Hat Frau Wolf ihr Baby schon bekommen?
   □ Ja, ich habe _____ schon gesehen.

f) ○ Wie geht es Dieter und Susanne?
   □ Gut. Ich habe _____ Freitag angerufen.

g) ○ Kann Frau Engel morgen wieder arbeiten?
   □ Ich weiß es nicht.
   ○ Gut, dann rufe ich _____ heute mal an und frage _____.

15. Was soll Herr Winter machen? Was sagt seine Frau? Schreiben Sie.

Nach Übung

10

im Kursbuch

a) jede Woche das Bad putzen

*Vergiss bitte das Bad nicht.
Du musst es jede Woche putzen.*

b) jeden Abend die Küche aufräumen

c) jeden Morgen den Hund füttern

d) jede Woche die Blumen gießen

e) unbedingt den Brief von Frau Berger beantworten

f) jeden Abend das Geschirr spülen

g) unbedingt die Hausaufgaben kontrollieren

h) meinen Pullover heute noch waschen

i) meinen Krankenschein zu Dr. Simon bringen

j) abends den Fernsehapparat abstellen

Lektion 7

16. Hast du das schon gemacht? Ergänzen Sie die Verben.

- Wäsche waschen
- Koffer packen
- Geld holen
- Filme kaufen
- Wohnung aufräumen
- machen
- Hund zu Frau Bloch bringen
- zur Apotheke fahren, Reisetabletten kaufen
- mit Tante Ute sprechen, Katze hinbringen
- Auto aus der Werkstatt holen – nicht vergessen!

○ _____ du die Wäsche _____?

□ Ja. Ich _____ auch schon den Koffer _____. Und du? _____ du Geld _____?

○ Natürlich, und ich _____ Filme _____ und die Wohnung _____. Und was _____ du noch _____?

□ Ich _____ den Hund zu Frau Bloch _____. Und ich _____ zur Apotheke _____ und _____ Reisetabletten _____.
– _____ du schon mit Tante Ute _____?

○ Ja, sie nimmt die Katze. Ich _____ sie schon _____. – _____ du das Auto aus der Werkstatt _____?

□ Entschuldige, aber das _____ ich ganz _____.

○ Na gut, dann fahren wir eben morgen.

17. Was passt zusammen?

sitzen aufwachen weggehen parken anstellen weiterfahren
rufen zurückkommen aussteigen weg sein abholen
aufhören suchen

a) einschlafen – _____   h) bringen – _____
b) da sein – _____   i) wiederkommen – _____
c) stehen – _____   j) anfangen – _____
d) weggehen – _____   k) halten – _____
e) hören – _____   l) finden – _____
f) fahren – _____   m) einsteigen – _____
g) abstellen – _____

18. Ordnen Sie die Wörter.

Nach Übung

15

im Kursbuch

a) **3** gleich   **2** sofort   **1** jetzt   ☐ später   ☐ bald

b) ☐ um 11.00 Uhr   ☐ gegen 11.00 Uhr   ☐ nach 11.00 Uhr

c) ☐ gestern früh   ☐ heute Mittag   ☐ gestern Abend   ☐ heute Morgen
☐ morgen Nachmittag   ☐ morgen Abend   ☐ morgen früh

d) ☐ später   ☐ dann   ☐ zuerst   ☐ danach

e) ☐ immer   ☐ nie   ☐ oft   ☐ manchmal

f) ☐ viel   ☐ alles   ☐ etwas   ☐ ein bisschen

19. „Schon", „noch", „noch nicht", „nicht mehr", „erst"? Was passt?

Nach Übung

15

im Kursbuch

a) Telefon habe ich _____. Das bekomme ich _____ in vier
Wochen.

b) Sie wohnt _____ in der Mozartstraße, sie ist schon umgezogen. Sie wohnt
jetzt in der Eifelstraße.

c) Ich war sehr müde, aber ich bin _____ um ein Uhr nachts eingeschlafen.

d) ○ Es ist schon spät, wir müssen gehen.   ☐ Ja, ich weiß. Ich muss _____
die Waschmaschine abstellen, dann komme ich.

e) Ich habe _____ fünfmal angerufen, aber es war niemand zu Hause.

f) Sie ist 82 Jahre alt, aber sie fährt _____ Auto.

g) Mathias ist _____ drei Jahre alt, aber er kann _____
schwimmen.

h) ○ Möchtest du eine Zigarette?   ☐ Nein, danke! Seit vier Wochen rauche ich
_____ .

i) Die Spülmaschine funktioniert _____ , sie ist kaputt.

20. Was passt wo?

Nach Übung

15

im Kursbuch

Herzliche Grüße   Auf Wiedersehen   Liebe Grüße   Guten Morgen

Lieber Herr Heick   Guten Abend   Guten Tag   Tschüs

Hallo Bernd   Lieber Christian   Sehr geehrte Frau Wenzel

a) Was schreibt man?

b) Was sagt man?

Lektion 8

Vocabulary

verbs

besorgen	*to get (to buy),* *to see to*
einzahlen	*to pay in*
erledigen	*to attend to,* *to take care of*
existieren	*to exist*
fehlen	*to be lacking*
fliegen	*to fly*
legen	*to lay, to put*
reinigen	*to (dry) clean*
reparieren	*to repair*
schicken	*to send*
stehen	*to stand*
stellen	*to put (upright)*
übernachten	*to stay overnight*
verwenden	*to use, to utilise*
wechseln	*to change (money)*
ziehen	*to pull,* *here: to move (to)*
zurückgeben	*to return,* *to give back*

nouns

e Abfahrt	*departure*
e Auskunft, ¨e	*information*
e Bäckerei, -en	*bakery*
e Bahn	*railway*
e Briefmarke, -n	*stamp*
e Buchhandlung, -en	*bookshop*
r Bürger, -	*citizen*
r Bus, -se	*bus, coach*
e DDR = Deutsche Demokratische Republik	*German Democratic Republic*
s Denkmal, ¨er	*memorial, monument*
s Ding, -e	*thing, object*
e Ecke, -n	*corner*

e/r Erwachsene, -n (ein Erwachsener)	*adult*
(s) Europa	*Europe*
e Fahrkarte, -n	*(travel) ticket*
r Fahrplan, ¨e	*timetable*
e Fahrt, -en	*trip, journey*
r Flughafen, ¨	*airport*
s Flugzeug, -e	*aeroplane*
e Freiheit, -en	*freedom, liberty*
s Gebäude, -	*building*
e Grenze, -n	*border, frontier*
s Interesse, -n	*interest*
r Journalist, -en	*journalist*
e/r Jugendliche, -n (ein Jugendlicher)	*youth, young person*
e Kirche, -n	*church*
e Kleidung	*clothes*
r Krieg, -e	*war*
r Künstler, -	*artist*
r Mantel, ¨	*overcoat*
e Mauer, -n	*wall*
e Metzgerei, -en	*butcher's*
e Mitte	*middle*
s Museum, Museen	*museum*
r Norden	*north*
e Oper, -n	*opera*
r Osten	*east*
s Paket, -e	*parcel, package*
r Park, -s	*park*
r Pass, ¨e	*passport*
e Fantasie	*imagination*
r Platz, ¨e	*square (market square), court (tennis court)*
e Post	*post office*
r Punk, -s	*punk*
s Rathaus, ¨er	*town hall, city hall*
e Reinigung, -en	*dry cleaner's*
r Rest, -e	*remainder, leftover*
r Schalter, -	*counter*
r See, -n	*lake*

r Sohn, ⁀e	son
r Soldat, -en	soldier
r Stadtplan, ⁀e	street map
r Süden	south
e Tasche, -n	bag
r Teil, -e	part
s Tor, -e	gate
r Turm, ⁀e	tower
e Universität, -en	university
e Wahl, -en	choice
r Weg, -e	road, way
r Westen	west
e Zeichnung, -en	drawing
s Zentrum, Zentren	centre

adverbs

anders	differently
geradeaus	straight on
links	left
rechts	right
völlig	completely

function words

bis zu	as far as
so … wie …	as … as
über … nach …	via … to
von … nach …	from … to

adjectives

arbeitslos	unemployed
berühmt	famous
bunt	colourful
deutsch	German
grau	grey
sozial	social (welfare)
voll	full

expressions

Gehen Sie weiter geradeaus.	Keep going straight on.
zum Schluss	finally

Lektion 8

Grammar

ex.
2
3
4
7
11
12
13
14
15
16
18
21

1. Prepositions taking the dative or accusative case (§ 15 p.134, § 16 p.135)

In the previous chapter you learnt that the preposition *in* can take the accusative **or** the dative case – depending on the verb of the sentence (see chapter 6, 4.1.). In this chapter you will come across more prepositions of this group. The meaning of some prepositions can be easily translated into English: hinter – behind, neben – next to, über – above; across, unter – under, vor – in front of, zwischen – between. The others have already been explained (see chapter 5, 3).

preposition	question	masculine	feminine	neuter
an	Wo ist er? Wohin geht er?	am Strand an den Strand	an der Tür an die Tür	am Fenster ans Fenster
auf	Wo geht er? Wohin geht er?	auf dem Balkon auf den Balkon	auf der Straße auf die Straße	auf dem Dach auf das Dach
hinter	Wo ist er? Wohin geht er?	hinter dem Turm hinter den Turm	hinter der Post hinter die Post	hinter dem Café hinter das Café
in	Wo ist er? Wohin geht er?	im Flur in den Flur	in der Apotheke in die Apotheke	im Kino ins Kino
neben	Wo ist er? Wohin geht er?	neben dem Turm neben den Turm	neben der Post neben die Post	neben dem Hotel neben das Hotel
über	Wo ist er? Wohin fliegt er?	über dem Platz über den Platz	über der Stadt über die Stadt	über dem Haus über das Haus
unter	Wo ist er? Wohin geht er?	unter dem Tisch unter den Tisch	unter der Bank unter die Bank	unter dem Dach unter das Dach
vor	Wo ist er? Wohin? …	vor dem Turm hinter den Turm	vor der Kirche vor die Kirche	vor dem Café vor das Café
zwischen	Wo ist er? Wohin? …	zwischen dem Schrank und	der Kommode zwischen die Kommode und	 das Regal

Remember: The preposition *auf* is used in conjunction with public buildings and the word *Toilette*.

Herr Koch ist		Herr Koch geht	
	auf dem Bahnhof.		auf den Bahnhof.
	auf der Post.		auf die Post.
	auf der Bank.		auf die Bank.
	auf dem Rathaus.		auf das Rathaus.
	auf der Polizeistation.		auf die Polizeistation.
	auf der Toilette.		auf die Toilette.

2. The verbs *stellen/stehen, legen/liegen*

These verbs often pose problems as they can easily be mixed up. The following examples, however, will show you that their use and meaning are quite different.

Ich stelle das Buch ins Regal.　　　　Das Buch steht im Regal.
I am putting the book onto the shelf.　　The book is on the shelf.

Ich lege das Buch auf den Tisch.　　　Das Buch liegt auf dem Tisch.
I am putting the book on (to) the table.　The book is on the table.

Stellen and *legen* are transitive verbs which means they require an accusative object. They express movement and therefore require the accusative case after the preposition.
Stehen and *liegen* express a stationary position and therefore require the dative case after the preposition.

3. Prepositions with the dative case (§ 15 p.134, § 17 p. 136)

In the previous chapter you learnt how and when to use the prepositions *zu* and *nach*. Both are followed by the dative case. In this chapter you are introduced to further prepositions taking the dative case.

3.1. Prepositions in expressions of place

ex.
18
21

prep	use	question	examples	translation
bei	proximity to a place being at sb's house	Wo?	Bruck liegt bei Wien. Philipp ist bei Susanne. Philipp ist beim Arzt.	near Vienna at Susanne's (house) at the doctor's
zu	movement towards a place or a person's place	Wohin?	Philipp fährt zum Bahnhof. Philipp fährt zum Arzt. Philipp geht zu Susanne.	to the station to the doctor's to Susanne's (house)
nach	movement towards geographical places without an article (see chapter 7, 4.2.)	Wohin?	Im Sommer fahre ich nach Frankreich. Morgen fahre ich nach Dublin. Morgen fliege ich nach Mallorca.	to France to Dublin to Mallorca
aus	place of origin; leaving a room or a place	Woher?	Martin kommt aus Berlin. Er kommt gerade aus dem Haus.	from Berlin leaving the house (out of)
von	starting point	Woher?	Wie kommt man mit dem Auto von Aachen nach Berlin? Ich komme von zu Hause.	from Aachen to Berlin from home

Lektion 8

3.2. Prepositions with other meanings

prep	example	translation
aus	Das Kochfeld ist aus Glaskeramik.	made of
mit	Fährst du mit der Reisegruppe nach Hamburg? Ditmar ist mit dem Bus gefahren.	together with by bus (means of transport)
nach	Nach dem Krieg war Berlin völlig zerstört.	after a point in time
seit	Seit gestern habe ich Halsschmerzen. Seit drei Monaten lernt Steve Deutsch. (In both examples the action started in the past and continues into the present!)	since (point in time) for (duration)

3.3. Exercise:

Please complete the sentences with the prepositions *bei, zu, nach* and the articles in the dative case where necessary.

a) Ein Handwerker ist _____ Frau Driesen. Ihre Waschmaschine ist kaputt.

b) Mein Zahn tut so weh. Ich glaube, ich muss _____ Zahnarzt.

c) Frau Klages hat den Unfall gesehen. Sie ist _____ Polizei gegangen und hat alles erzählt.

d) Evi und Frank machen nächste Woche Urlaub. Sie fahren _____ Spanien.

e) Dirks Eltern waren nicht mehr da. Deshalb war er _____ Polizei und hat dort gewartet.

f) Komm, gehen wir _____ Hause. Ich bin müde.

g) Ich gehe morgen Nachmittag _____ Frisör.

h) Ich gehe heute Abend _____ Anja. Sie hat Geburtstag.

i) Ich fahre am Wochenende _____ London. Willst du mitkommen?

3.4. Exercise:

Tick the correct option.

a) Der Küchenstuhl ist _____ Metall.
   ☐ von   ☐ aus   ☐ bei

b) _____ 1990 gibt es nur noch einen Staat.
   ☐ seit   ☐ nach   ☐ von

c) _____ der Stadtrundfahrt können Sie den Funkturm besuchen.
   ☐ seit   ☐ von   ☐ nach

d) Ich nehme einen Obstkuchen _____ Sahne.
   ☐ aus   ☐ mit   ☐ bei

e) Manfred ist _____ Kurt.
   ☐ bei   ☐ zu   ☐ mit

f) Herr Breuer war zwei Wochen krank. Am Freitag ist er _____ Krankenhaus gekommen.
   ☐ aus dem   ☐ vom   ☐ zum

4. The verb lassen (§ 47 p. 146)

ex.
1

The verb *lassen* is used to express that you have something done rather than do it yourself (e.g.: Ich lasse meinen Mantel reinigen. = I have my coat dry cleaned). It always has two complements: an accusative object and an infinitive. Both take the complement position (see *gehen* in chapter 4, 2.2.).

preverbal position	verb 1	subject	qualifiers	complement	verb 2
Ich	repariere		heute	mein Auto.	
Ich	lasse		heute	mein Auto reparieren.	
Heute	lasse	ich		mein Auto reparieren.	
Ich	möchte		heute	mein Auto reparieren	lassen.

Lektion 8

Nach Übung

2

im Kursbuch

1. Lesen Sie und ergänzen Sie.

a) *Paul trägt die Koffer nicht selbst.*

Er lässt die Koffer tragen.

b) Paul: die Dusche reparieren

Paul repariert die ...
Er lässt ...

c) Paul: das Auto in die Garage fahren
d) ich: den Kaffee machen
e) er: den Brief beantworten
f) ihr: den Koffer am Bahnhof abholen
g) Sie: die Wäsche waschen

h) ich: die Hausarbeiten machen
i) Paula: die Wohnung putzen
j) du: den Schreibtisch aufräumen
k) ich: das Essen und die Getränke bestellen
l) Paul und Paula: das Frühstück machen

Nach Übung

3

im Kursbuch

2. Was passt zusammen?

Sie möchten...   Wohin gehen Sie dann?

a)	Geld wechseln	*Auf die Commerz-Bank*
b)	das Auto reparieren lassen	
c)	Deutsch lernen	
d)	Briefmarken kaufen	
e)	eine Fahrkarte kaufen	
f)	einen Film sehen	
g)	Informationen bekommen	
h)	einen Tee trinken	
i)	schwimmen	
j)	Fleisch kaufen	
k)	Salat und Gemüse kaufen	
l)	Bücher leihen	

Ufa-Kino   Post
         Metzgerei Koch
Parkcafé
            Schwimmbad
VW-Werkstatt
            Commerz-Bank
Bibliothek   Bahnhof

    Supermarkt König

   Tourist-Information
Sprachschule Berger

3. Schreiben Sie.

In der Stadt hin und her. Heute hat Paul viel erledigt.

Nach Übung

5

im Kursbuch

a) 08:30

Um halb neun ist er von zu Hause weggefahren

b) 09:00

Zuerst ist er zur Bank gefahren.
Um neun Uhr war er ...

c) 09:30

Dann ist er zum ...

f) 11:00

e) 10:30

d) 10:00

g) 11:30

h) 12:00

i) 14:30

l) 16:30

k) 16:00

j) 15:00

Lektion 8

Nach Übung

6

im Kursbuch

4. Was erzählt Paul? Schreiben Sie.

a) *Um halb neun bin ich von zu Hause weggefahren.*

b) *Zuerst bin ich zur Bank gefahren. Um 9 Uhr war ich ...*

c) *Dann bin ich ...*

d) *Dann ...*

e) ...

18:30

Nach Übung

6

im Kursbuch

5. Schreiben Sie.

a) ○ Wo kann man hier gut essen?
   □ Im Restaurant Adler, das ist am Marktplatz.

b) ○ Wo kann man hier Deutsch lernen?
   □ In der Sprachschule Berger, die ist in der Schlossstraße.

c) Kuchen – Markt-Café – Marktplatz

d) Gemüse – Supermarkt König – Obernstraße

e) parken – City-Parkplatz – Schlossstraße

f) übernachten – Bahnhofshotel – Bahnhofstraße

g) essen – Schloss-Restaurant – Wapel

h) Tee – Parkcafé – Parksee

i) schwimmen – Schwimmbad – Bahnhofstraße

j) Bücher – Bücherei – Kantstraße

Nach Übung

9

im Kursbuch

6. Schreiben Sie.

a) Bahnhof / ← / Schillerstraße

Am Bahnhof links in die Schillerstraße.

b) Marktplatz / → / Stadtmuseum

Am Marktplatz rechts bis zum Stadtmuseum.

c) Volksbank / → / Telefonzelle

d) Restaurant / ← / Maxplatz

e) Diskothek / ← / Parkplätze

f) Stadtcafé / → / Haltestelle

g) Buchhandlung / ← / Rathaus

h) Telefonzelle / → / Berner Straße

i) Fotostudio / → / Lindenweg

j) Stadtpark / geradeaus / Spielwiesen

7. Ergänzen Sie „in", „an", „neben" oder „zwischen"; „der", „das", „die"; „ein" oder „eine".

Nach Übung

9

im Kursbuch

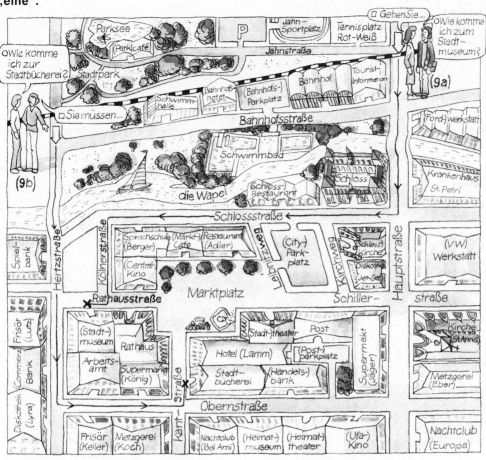

Wo liegt was? Beschreiben Sie den Stadtplan.

a) _Der_____ Postparkplatz liegt _neben_____ _einem_____ Supermarkt.

b) _Neben_____ _dem_____ Supermarkt Jäger liegt _ein_____ Parkplatz.

c) _____ _____ Schloss ist _____ Restaurant.

d) _____ Markt-Café liegt _____ _____ Restaurant.

e) _____ Schwimmbad liegt _____ _____ Wapel.

f) _____ _____ Sprachschule Berger und _____ Restaurant Adler ist _____ Café, _____ Markt-Café.

g) _____ _____ Schloss ist _____ Schloss-Restaurant.

h) _____ Tourist-Information ist _____ _____ Bahnhofstraße, _____ Bahnhof.

i) _____ Parkcafé liegt _____ Parksee.

j) _____ Jahn-Sportplatz liegt _____ _____ Tennisplatz Rot-Weiß und _____ Parkplatz.

Lektion 8

8. Lesen Sie und ergänzen Sie.

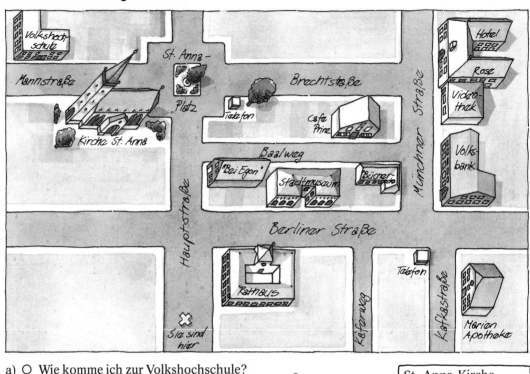

a) ○ Wie komme ich zur Volkshochschule?
   □ Zuerst hier geradeaus bis zum _St.-Anna-Platz_. Dort
   an der _____ vorbei in die _____ .
   Dort ist dann rechts die _____ .

> St.-Anna-Kirche
> Volkshochschule
> Mannstraße
> St.-Anna-Platz

b) ○ Wie komme ich zur „Bücherecke"?
   □ Zuerst hier geradeaus bis zur _____ , dort
   rechts. Am _____ vorbei und dann links in
   die _____ . Da sehen Sie dann links den
   _____ , und da an der Ecke liegt auch die
   _____ .

> Baalweg
> „Bücherecke"
> Berliner Straße
> Stadtmuseum
> Münchner Straße

c) ○ Wie komme ich zur Videothek?
   □ Hier die _____ entlang bis zum
   _____ . Dort bei der _____
   rechts in die _____ . Gehen Sie die
   _____ entlang bis zur _____ .
   Dort sehen Sie dann die _____ . Sie liegt
   direkt neben dem _____ .

> Brechtstraße
> Münchner Straße
> Videothek
> Telefonzelle
> St.-Anna-Platz
> Brechtstraße
> Hotel Rose
> Hauptstraße

d) zur Marienapotheke?

e) zum Stadtmuseum?

f) zum Café Prinz?

g) zur nächsten Telefonzelle?

9. Lesen Sie den Stadtplan auf S. 92 und ergänzen Sie.

Nach Übung

9

im Kursbuch

a) ○ Wie komme ich _zum_ Stadtmuseum?

☐ Gehen Sie hier die Hauptstraße geradeaus bis _____ Schloss. Dort _____ Schloss rechts, dann immer geradeaus, _____ Parkplatz vorbei bis _____ Kölner Straße. Dort _____ _____ Sprachschule links. Dann die Kölner Straße geradeaus bis _____ Rathausstraße. Dort rechts. Das Stadtmuseum ist _____ _____ Rathaus.

b) ○ Wie komme ich _____ Stadtbücherei?

☐ Sie müssen hier die Hertzstraße geradeaus gehen, _____ _____ Wapel, _____ _____ Spielbank und _____ _____ Commerzbank vorbei, bis _____ Diskothek...

c) ○ Wie komme ich vom Bahnhof zum Hotel Lamm?

10. Schreiben Sie einen Text. Benutzen Sie die Wörter rechts.

Nach Übung

10

im Kursbuch

Eine Stadtrundfahrt in Berlin

Sätze	
– Pünktlich um 14 Uhr hat Herr Leutze uns begrüßt.	–
– Herr Leutze hat uns etwas über das alte Berlin erzählt.	Zuerst
– Wir sind zum Kurfürstendamm gefahren.	Danach
– Am Ku'damm kann man die Gedächtniskirche sehen	Da
– Die Gedächtniskirche ist eine Ruine.	Sie
Die Gedächtniskirche soll an den Krieg erinnern.	und
– Wir sind zum ICC gefahren.	Dann
– Am ICC haben wir Pause gemacht.	Dort
– Wir sind weitergefahren.	Nach einer Stunde
– Wir haben die Berliner Mauer gesehen.	Dann ... endlich
– Die Mauer hat Berlin und Deutschland in zwei Teile geteilt.	Bis 1989
– Die Berliner Mauer war 46 km lang.	Sie
– Wir sind nach Ostberlin gefahren.	Dann
– Wir haben die Staatsbibliothek, den Dom und die Humboldt-Universität gesehen.	–
– Leider war die Stadtrundfahrt schon zu Ende.	Dann

Pünktlich um 14 Uhr hat uns Herr Leutze begrüßt.
Zuerst hat er uns etwas ...

Lektion 8

11. Schreiben Sie.

Bernd sucht seine Brille. Wo ist sie?

a) _____

b) _____

c) _____

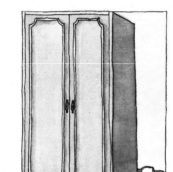

d) _____

e) _____

f) _____

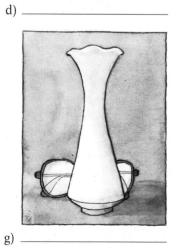

g) _____

h) _____

i) _____

12. Wer wohnt wo? Schreiben Sie.

Nach Übung
11
im Kursbuch

a) Wer wohnt neben Familie Reiter, aber nicht unter Familie Huber? _Familie Meier._
b) Wer wohnt hinter dem Haus? _____
c) Wer wohnt neben Familie Meier, aber nicht über Familie Becker? _____
d) Wer wohnt neben Familie Reiter, aber nicht über Familie Schulz? _____
e) Wer wohnt vor dem Haus? _____
f) Wer wohnt neben Familie Schulz, aber nicht unter Familie Korte? _____
g) Wer wohnt zwischen Familie Holzmann und Familie Huber, aber nicht über Familie Meier?
_____
h) Wer wohnt neben Familie Berger, aber nicht über Familie Walter? _____
i) Wer wohnt zwischen Familie Becker und Familie Berger? _____

13. Was stimmt hier nicht? Schreiben Sie.

Nach Übung
11
im Kursbuch

_Auf der Couch liegt ein Teller._____
_Vor der Tür ..._____

Lektion 8

14. Schreiben Sie.

a) ○ Wohin stellen wir	den Fernseher?	□ Am besten *auf den Tisch.*
b)	_____ Sessel?	
c)	_____ Tisch?	
d)	_____ Lampe?	
e)	_____ Bett?	
f)	_____ Blume?	
g)	_____ Kühlschrank?	

15. Ihre Grammatik: Ergänzen Sie.

Nach Übung

11

im Kursbuch

	wo (sein)? *Dativ*	wohin (tun)? *Akkusativ*
der	unter _____ Tisch	unter _____ Tisch
das	(in _____) _____ Waschbecken	(in _____) _____ Waschbecken
die	vor _____ Tür	vor _____ Tür
die	zwischen _____ Zeitungen	zwischen _____ Zeitungen

16. Ergänzen Sie die Präpositionen.

Nach Übung

12

im Kursbuch

Wann kommen Sie nach Berlin?

Seit 1990 gibt es keine Grenze mehr (a) _____ der Bundesrepublik Deutschland und der ehemaligen DDR. Berlin ist wieder ein Zentrum (b) _____ der Mitte Europas. Man kann wieder (c) _____ vielen Wegen (d) _____ Berlin kommen.

(e) _____ dem Flugzeug: Es gibt Flugverbindungen (f) _____ fast alle europäischen Großstädte und (g) _____ viele andere Länder. Täglich landen Flugzeuge (h) _____ aller Welt (i) _____ den Berliner Flughäfen.

(j) _____ vielen Städten in Deutschland fahren täglich Busse (k) _____ Funkturm und (l) _____ anderen Plätzen Berlins. Informationen bekommen Sie (m) _____ Reisebüros.

Bequem ist es (n) _____ der Bahn: Die Züge fahren direkt (o) _____ die Innenstadt.

Autofahrer kommen (p) _____ den Autobahnen schnell (q) _____ Berlin.

Wann fahren Sie mal (r) _____ Berlin, (s) _____ Brandenburger Tor, (t) _____ Gedächtniskirche oder raus (u) _____ den Wannsee? Seien Sie unser Gast in Berlin!

17. Was passt nicht?

Nach Übung

13

im Kursbuch

a) Erwachsene – Jugendliche – Menschen – Kinder
b) Buslinie – Zugverbindung – Autobahn – Flugverbindung
c) Gebäude – Immobilien – Haushalt – Häuser
d) Flughafen – Bahn – Bahnhof – Haltestelle
e) Gedächtniskirche – Alexanderplatz – Humboldt-Denkmal – Museen
f) Buchhandlung – Bibliothek – Bücherei – Verbindung
g) Park – Straße – Nummer – Platz – Weg
h) Aufzug – Ausflug – Reisegruppe – Urlaub
i) Norden – Süden – Osten – Wiesen

Lektion 8

18. Ergänzen Sie Präpositionen und Artikel.

a) (von) _vom_ Bahnhof abholen

b) (an) _____ St.-Anna-Platz aussteigen

c) (in) _im_ See baden

d) (in) _____ Bäckerei Brot kaufen

e) (an) _____ Marienplatz einsteigen

f) (auf) _____ Bank Geld einzahlen

g) (nach) _____ Paris fliegen

h) (auf) _____ Straße hinfallen

i) (in) _____ Regal legen

j) (neben) _____ Kirche parken

k) (nach) _____ Hause schicken

l) (vor) _____ Haus sitzen

m) (auf) _____ Sportplatz spielen

n) (hinter) _____ Denkmal stehen

o) (in) _____ Pension Mai übernachten

p) (in) _____ Schrank stellen

q) (unter) _____ Brandenburger Tor verabredet sein

r) (in) _____ Stadt wohnen

s) (von) _____ Hause wegfahren

t) (zwischen) _____ Post und _____ Parkplatz liegen

19. Ihre Grammatik: Ergänzen Sie.

a) Berlin liegt an der Spree.

b) Wie kommt man schnell nach Berlin?

c) Nach Berlin kann man auch mit dem Zug fahren.

d) Wir treffen uns um zehn an der Gedächtniskirche.

e) Der Fernsehturm steht am Alexanderplatz.

f) Er hat das Bett wirklich in den Flur gestellt.

g) Du kannst den Mantel ruhig auf den Stuhl legen.

h) Zum Schluss hat er die Sätze an die Wand geschrieben.

i) Der Bär sitzt unter dem Funkturm.

	Vorfeld	Verb$_1$	Subj.	Ergänzung	Angabe	Ergänzung	Verb$_2$
a)	_Berlin_	_liegt_				_an der Spree._	
b)							
c)							
d)							
e)							
f)							
g)							
h)							
i)							

20. Silbenrätsel. Bilden Sie Wörter.

Nach Übung
13
im Kursbuch

fahrt	Auto		Bahn	fahrt		Park		stätte	Rast
Bahn	Zug	hof			hafen	platz	Auto		um
	city		Flug				steigen		
Inter		bahn	fahrt	Eisen	bahn			verbindungen	

a) Bahn

_____

...

b) Auto

_____

...

c) Flugzeug

_____

...

21. Schreiben Sie einen Brief.

Nach Übung
14
im Kursbuch

A. Ergänzen Sie.

Berlin, den 9. November

Liebe Stefanie,

wir wohnen jetzt schon ein Jahr (a) _____ Berlin. Man lebt hier wirklich viel besser als (b) _____ Köln. Komm doch mal (c) _____ Berlin. Hier kann man viel machen. (d) _____ Restaurant „Mutter Hoppe" gehen und echt berlinerisch essen, (e) _____ Diskothek „Metropol" bis zum frühen Morgen tanzen, (f) _____ _____ vielen Parks und (g) _____ Zoologischen Garten spazieren gehen, (h) _____ Müggelsee baden und (i) _____ _____ Havel segeln. Abends geht's natürlich (j) _____ Kino, (k) _____ Theater oder (l) _____ einen Jazzclub. (m) _____ den Geschäften (n) _____ dem Ku'damm und (o) _____ KaDeWe (Kaufhaus des Westens) kann man gut einkaufen und natürlich auch Leute anschauen. Am Wochenende fahren wir oft mit der S–Bahn (p) _____ Zehlendorf (q) _____ _____ Wannsee. Dort kann man (r) _____ See schwimmen oder faul (s) _____ _____ Sonne liegen. Manchmal machen wir (t) _____ Grunewald auch einen Spaziergang oder eine Radtour.

Vielleicht können wir das einmal zusammen machen. Komm also bald mal (u) _____ Berlin!

Herzliche Grüße

Sandra und Holger

B. Schreiben Sie jetzt selbst einen Brief.

Ort und Datum:
München, ...

Anrede:
Lieber/Liebe ...

Informationen:
– 2 Jahre München – das Restaurant „Weißblaue Rose", echt bayrisch – das „Rationaltheater", Kabarettprogramme – im Englischen Garten, spazieren gehen, Rad fahren – die Kaufinger Straße, einkaufen – Olympiazentrum, selbst Sport treiben oder ein Fußballspiel anschauen – Starnberger See, segeln, schwimmen, surfen, baden

Schlusssatz:
...

Gruß:
Bis bald, und liebe Grüße dein/deine ...

Lektion 9

Vocabulary

verbs

behalten	to keep
beraten	to advise
einschalten	to switch on
erklären	to explain
sich freuen	to be pleased
gebrauchen	to use
lachen	to laugh
laufen	to run
lieben	to love
nennen	to call, to name
passen	to suit
reichen	to be enough
schenken	to give (as a present)
sterben	to die
tragen	here: to wear
verkaufen	to sell
verlassen	to leave (transitive)
zeigen	to show
zusammengehören	to belong together

nouns

r Abschnitt, -e	paragraph
e/r Bekannte, -n (ein Bekannter)	friend, acquaintance
e Beschäftigung, -en	activity, something to do
s Camping	camping
e Chance, -n	opportunity
e Erinnerung, -en	memory, recollection
e Feier, -n	celebration, party
r Fernseher, -	TV set
s Feuerzeug, -e	lighter
r Führerschein, -e	driving/driver's licence
r Geburtstag, -e	birthday
r Gegenstand, ⸚e	object, thing
s Gerät, -e	appliance
e Großstadt, ⸚e	big town, city
e Halskette, -n	necklace
e Handtasche, -n	handbag, purse (US)
e Hilfe, -n	help
s Holz	wood
s Huhn, ⸚er	chicken, hen
r Hund, -e	dog
e Information, -en	information
e Ingenieurin, -nen	female engineer
r Ingenieur, -e	male engineer
s Klima	climate
r König, -e	king
e Kuh, ⸚e	cow
r Kunde, -n	customer
Möbel (plural)	furniture
s Motorrad, ⸚er	motorbike
e Party, -s	party
e Pfeife, -n	here: pipe
s Pferd, -e	horse
e Platte, -n	record, here: table top
r Plattenspieler, -	record player
s Rad, ⸚er	wheel, here: bicycle
r Reiseführer, -	travel guide
r Ring, -e	ring
e Schallplatte, -n	record
r Schlafsack, ⸚e	sleeping bag
r Schluss	end
r Schmuck	jewellery
e Schreibmaschine, -n	typewriter
e Schwester, -n	sister
r Strom	electricity
e Tante, -n	aunt
s Tier, -e	animal
e Verkäuferin, -nen	female shop assistant
r Verkäufer, -	male shop assistant
(s) Weihnachten	Christmas
s Werkzeug	tool(s)
s Wörterbuch, ⸚er	dictionary
r Wunsch, ⸚e	wish, request
s Zelt, -e	tent

adjectives

breit	*wide*
dünn	*thin*
kurz	*short*
lang	*long*
langsam	*slow*
lebendig	*vivid, lively; alive*
niedrig	*low (not high)*
richtig	*correct, right*
schmal	*narrow*
schnell	*fast, quick*
wunderbar	*wonderful*

adverbs

irgendwann	*sometime*

function words

deshalb	*therefore, that's why*
selber	*oneself*

expressions

… gefällt **mir**	*I like …*
zu Ende (+ verb)	*to finish*

Lektion 9

Grammar

1. The dative case

1.1. The use of the dative case (§ 38, p. 143, § 42 p. 144)

In chapters 5, 7 and 8 you learnt that the dative case is used after certain prepositions. The dative case is also used after certain verbs. e.g.:

Der Lehrer antwortet <u>dem Schüler</u>.

Wir helfen <u>unserem Vater</u>.

This is a list of the most frequent verbs which are always followed by <u>one</u> object. This object is in the dative case and always refers to a person.

verbs	examples
antworten	Antworte bitte <u>der Frau</u>!
gefallen	Die Lampe gefällt <u>mir</u>.
gut/schlecht gehen	Es geht <u>mir</u> gut.
gehören	Gehört das Radio <u>dem Kind</u>?
gratulieren	Hast du <u>ihm</u> schon gratuliert?
fehlen	Was fehlt <u>dir</u> denn?
helfen	Wir helfen <u>unserem Vater</u>.
passen	Am Sonntag passt es <u>mir</u>.
schmecken	Die Suppe schmeckt <u>mir</u>.
zuhören	Ich höre <u>meiner Oma</u> gerne zu.

The interrogative *wem?* is used to ask for the dative object, e.g.:

○ Wem antwortet der Lehrer?   □ Dem Schüler.

Apart from those verbs which are followed by one object in the dative case there are also some verbs which require two objects, one in the dative and the other in the accusative case. The dative object is usually a person, the accusative object a thing. e.g.:

Herr Martens schenkt   <u>dem Jungen</u>   <u>ein Fahrrad</u>.

                        ↑   ↑

        dative object   accusative object

ex.
3
4
5

This is a list of some of the verbs which require two objects.

verbs	examples
empfehlen	Ich empfehle <u>Ihnen</u> das <u>Feuerzeug</u>.
erklären	Er erklärt <u>dem Schüler</u> <u>den Dativ</u>.
geben	Ich gebe <u>dir</u> <u>mein Buch</u>.
kaufen	Er kauft <u>seiner Freundin</u> <u>ein Radio</u>.
schenken	<u>Was</u> kann man <u>einem Mädchen</u> schenken.
zeigen	Zeigen Sie bitte <u>dem Herrn</u> <u>die Firma</u>.
...	...

1.2. The dative case: nouns, articles and possessive articles (§ 3 p. 129, § 6 p. 130)

You have been introduced to the formation of the dative case in chapter 5, 5.3. where the dative was used after certain prepositions. The following table contains the complete list of articles in the dative case.

	definite article	indefinite article		possessive article
		positive	negative	
der	dem Freund	einem Freund	keinem Freund	meinem/deinem seinem/ihrem Freund unserem/eurem Ihrem
die	der Frau	einer Frau	keiner Frau	meiner/deiner seiner/ihrer Frau unserer/eurer Ihrer
das	dem Kind	einem Kind	keinem Kind	meinem/deinem seinem/ihrem Kind unserem/eurem Ihrem
plur.	den Leuten	Leuten	keinen Leuten	meinen/deinen seinen/ihren Leuten unseren/euren Ihren

Remember: The characteristic endings of the dative case are for masculine and neuter nouns **-m**, for the feminine **-r** and for the plural **-n**. Nouns in the dative plural also have the ending **-n**, e.g.

nominative plural   die Kinder
dative plural   den Kinder**n**
There are, however, exceptions to this rule:
a) plural nouns ending in -n: die Jungen (nom)   den Jungen (dat)
b) plural nouns ending in -s: die Autos (nom)   den Autos (dat)

1.3. Exercise:

Accusative or dative case? Supply the correct endings.
a) Gestern habe ich mein _____ Bruder angerufen.
b) Hast du dein _____ Kollegin geholfen?
c) Der Kellner hat d _____ Gäste noch nicht bedient.
d) Nächste Woche besuche ich mein _____ Schwester.
e) Er hat sein _____ Chef nicht geantwortet.
f) Das Auto gehört mein _____ Eltern.
g) Er hat mein _____ Frau zum Jubiläum gratuliert.

Lektion 9

h) Hast du dein _____ Vater schon gefragt?

i) Das Geschenk hat mein _____ Mann gefallen.

j) Susanne mag ihr _____ Oma sehr.

k) Bitte stör d _____ Kind nicht. Es schläft.

l) Meine _____ Freundin geht es wieder gut.

ex.
3
4
5
7
8
10

2. Personal pronouns in the accusative and dative case (§ 11 p.133)

In chapter 2 and 6 you were introduced to most personal pronouns in the nominative and accusative case, which are used to replace nouns in order to avoid repetition (see 2.1 and 7.6). Remember the following examples:

Das ist eine Badenia-Mikrowelle.   **Sie** hat 1000 Watt.

Der Hund hat Hunger.   Du musst **ihn** füttern.

In the same way a noun in the dative case can be replaced by a personal pronoun in the dative case. The following table contains all personal pronouns in the nominative, accusative and dative case. e.g.:

Meine Frau hat morgen Geburtstag.   Ich schenke **ihr** (meiner Frau) einen Ring.

nominative	ich	du	er	sie	es	wir	ihr	sie	Sie
accusative	mich	dich	ihn	sie	es	uns	euch	sie	Sie
dative	mir	dir	ihm	ihr	ihm	uns	euch	ihnen	Ihnen

2.1. Exercise:

Supply the appropriate personal pronoun in the accusative case.

a) ○ Kommst du morgen mit ins Kino?
   □ Ich weiß es noch nicht. Ich rufe _____ morgen an.

b) ○ Das Foto ist ja toll. Wer ist denn das?
   □ Meine Schwester. Martin hat _____ letzten Sommer fotografiert.

c) ○ Wie bist du denn gestern Abend nach Hause gekommen?
   □ Mein Freund hat _____ mit seinem Auto nach Hause gebracht.

d) ○ Wer hat denn Peter von der Schule abgeholt?
   □ Oma hat _____ abgeholt:

e) ○ Hast du Marina und Hans schon besucht?
   □ Nein, ich habe _____ noch nicht besucht. Ich hatte keine Zeit.

f) ○ Susanna, Anna, hallo. Kommt ihr morgen zu Monikas Party?
   □ Ja, sie hat _____ eingeladen.

g) ○ Marina, Lisa, hallo. Ich möchte _____ zu meiner Geburtstagsparty einladen. Kommt ihr?
   □ Natürlich.

h) ○ Frau Sieger, wo sind Sie denn? Ich suche _____ schon 20 Minuten.
   □ Entschuldigung, Herr Meier. Ich war in der Kantine.

2.2. Exercise:

Which case? Supply the correct personal pronoun.

a) Doris und Hannes heiraten nächsten Sonntag. Was schenkst du _____?

b) Sonja und Dirk kommen auch. Ich habe _____ eingeladen.

c) Wir haben Herrn Diebel einen Brief geschrieben. _____ hat _____ noch nicht beantwortet.

d) Ihr müsst nicht mit dem Bus fahren. Ich bringe _____ nach Hause.

e) Ich habe gestern mit Frau Jensen gesprochen. _____ hat _____ angerufen.

f) Herr Karger weiß alles. Ich habe _____ informiert.

g) Du bist sehr nett. Ich mag _____ .

h) Ich möchte Anna die Fotos zeigen. _____ hat _____ noch nicht gesehen.

i) Kannst du die Arbeit allein machen oder soll ich _____ helfen?

3. Sentence structure (§ 38 p. 143)

ex. 20

preverbal position	verb 1	subject	complement	qualifiers	complement	verb 2
Er	hat		seiner Mutter	zum Geburtstag	einen Ring	gekauft.
Seiner Mutter	hat	er		zum Geburtstag	einen Ring	gekauft.
Zum Geburtstag	hat	er	seiner Mutter		einen Ring	gekauft
Einen Ring	hat	er	seiner Mutter	zum Geburtstag		gekauft.
Er	hat		ihr	zum Geburtstag	einen Ring	gekauft.
Ihr	hat	er		zum Geburtstag	einen Ring	gekauft.

In sentences with an accusative and a dative object the dative object always takes the first complement position. Both the accusative and the dative object can also take the preverbal position.

3.1. Exercise:

Delete the dative object in the wrong position.

a) Ich möchte gern ein Eis. Kannst du mir eins mir kaufen?

b) Geben Sie mir bitte mir Ihren Pass.

c) Frag doch den Kellner, er kann dir bestimmt das Geld dir wechseln.

d) Margot hat ihre Prüfung bestanden. Was schenken ihr wir ihr?

e) Peter fotografiert gern. Kauf ihm zum Geburtstag ihm eine Kamera.

f) Dieses Restaurant kann euch ich euch empfehlen.

g) Gestern Abend hat seinen Freunden Rüdiger seinen Freunden Bilder von seinem Bauernhaus gezeigt.

Lektion 9

3.2. Exercise:

Change the word order of the following sentence. There are three possibilities.

Er hat mir gestern die Geschichte erzählt.

1. _____
2. _____
3. _____

ex.
13
14
15

4. The comparison of adjectives (§ 21 p.137)

In English we compare either by adding -er to the adjective or by using *more*. In German we only do the former. The superlative in English is formed by adding -est to the adjective or by using the word *most*. In German the preposition *am* is placed before the adjective and the ending -sten is added to it.

adjective:	simple form	klein	gemütlich
	comparative	klein**er**	gemütlich**er**
	superlative	am klein**sten**	am gemütlich**sten**

There are, however, some exceptions to this rule.

	simple form	comparative	superlative
some monosyllabic adjectives add an *Umlaut*	lang	länger	am längsten
adjectives ending in -**el**, -**er** lose the **e** in the comparative	teuer	**teur**er	am teuersten
adjectives ending in -d, -s, -sch, -t, -x, -ß add -**e**sten in the superlative	breit	breiter	am breit**e**sten
irregular comparatives and superlatives	gern	lieber	am liebsten
	gut	besser	am besten
	viel	mehr	am meisten
	hoch	höher	am höchsten
	nah	näher	am nächsten

5. Ganz, genug, sehr, ziemlich, zu, nur zu

These words are often used in conjunction with adjectives and can either restrict or enhance their meaning. Read the following sentences:

Den Stuhl kaufe ich, er ist ganz bequem.	… it is quite comfortable.
Den Stuhl kaufe ich, er ist ganz billig.	… it is very cheap.
Den Stuhl kaufe ich, er ist ziemlich billig.	… it is quite cheap.
Den Stuhl kaufe ich, er ist sehr gut.	… it is very good.
Den Stuhl kaufe ich, er ist groß genug.	… it is big enough.
Den Stuhl kaufe ich nicht, er ist zu groß.	… it is too big.
Der Stuhl ist ganz schön, er ist nur zu klein.	… it is just too small.

As you can see from the examples all these words with the exception of *ganz* have straightforward translations into English. *Ganz* is a little tricky, it means *very* if stressed and *quite* if unstressed.

6. Verbs with vowel change (§ 23 p.138)

infinitive	first person	second person	third person	plural
behalten	ich behalte	**du behältst**	**er behält**	…
beraten	ich berate	**du berätst**	**er berät**	…
empfehlen	ich empfehle	**du empfiehlst**	**er empfiehlt**	…
gefallen	ich gefalle	**du gefällst**	**er gefällt**	…
sterben	ich sterbe	**du stirbst**	**er stirbt**	…
verlassen	ich verlasse	**du verlässt**	**er verlässt**	…

7. Particles

einfach	Der Mediovideoaudiotelemax kann hören, sehen, sprechen, denken und rechnen. Er ist **einfach** vollkommen.	expression used to sum up and simplify a complicated explanation (= simply)
sogar	Der Mediovideoaudiotelemax kann hören, sehen und sprechen. Er kann **sogar** denken.	expression to denote exceeded expectations (= even)

8. Conjunctions

Conjunctions are words that link two sentences. You are introduced to two groups of conjunctions.

8.1. Da, dort, dann, danach, das, deshalb, so, trotzdem

These conjunctions connect the second sentence to the whole or part of the preceding sentence. They can either take the preverbal position or modifiers position.

<u>1985</u> war ich nicht hier. **Da** habe ich in Berlin studiert.
I was not here in 1985. I was studying in Berlin then.
Ich kaufe <u>im Supermarkt</u> ein. Die Lebensmittel sind **da (dort)** billiger.
I do my shopping in the supermarket. It is cheaper there.
Wir waren <u>gestern Abend</u> im Kino. **Dann (danach)** sind wir essen gegangen.
We were at the pictures last night. After that (afterwards) we went for a meal.
<u>Martin hatte gestern Geburtstag</u>. **Das** habe ich ganz vergessen.
It was Martin's birthday yesterday. I completely forgot that.
<u>Ich trinke viel Kaffee</u>. **Deshalb** brauche ich eine Kaffeemaschine.

Lektion 9

I drink a lot of coffee. That's why I need a coffee maker.

Spielen Sie Lotto! **So** werden Sie reich.

Play Lotto! That's how to get rich.

Monika verdient viel Geld. **Trotzdem** ist sie nicht glücklich.

Monika earns a lot of money. Even so she is not happy.

8.2. Aber, denn, und, sondern, oder

These conjunctions also connect two sentences but their position in the sentence is fixed. They are always outside the sentence structure, i.e. in front of the preverbal position. The mnemonic *aduso* will help you to remember these five conjunctions.

Ilse will in der Wohnung bleiben, **aber** Jens gefällt das Haus besser.

Ilse wants to stay in the flat but Jens likes the house better.

Ich kaufe Martin ein Wörterbuch, **denn** er lernt Englisch.

I am going to buy Martin a dictionary because he is learning English.

Herr Kern war im Supermarkt **und** er hat dort ein paar Flaschen Wein gekauft.

Herr Kern was in the supermarket and bought a couple of bottles of wine there.

Monika fliegt nicht nach Berlin, **sondern** sie fährt mit dem Auto.

Monika is not flying to Berlin. She ist taking the car instead.

Viele Leute sind arbeitslos **oder** sie verdienen sehr wenig.

Many people are unemployed or they earn very little.

8.3. Sentence structure

	preverbal position	verb 1	subject	qualifiers	complement	verb 2
sondern	Monika sie	fliegt fährt		nicht	nach Berlin, mit dem Auto.	
	Martin Ich Das	hatte habe habe	ich	gestern das ganz ganz	Geburtstag.	vergessen. vergessen.

8.4. Exercise:

Translate the following sentences into German and use the above conjunctions.

a) First we were in Hamburg. Then we went to Bremen.

_____

b) The Video-Walkman is practical. But it is also quite expensive.

_____

c) I cannot come into the office because I am ill.

_____

d) I am running a temperature. That's why I'm going to the doctor.

_____

e) I was at the bank. That's where I met Susan.

_____

f) On Saturday? I did not go to the theatre, I watched television instead.

g) The car is very expensive. Even so I'm going to buy it.

Lektion 9

Nach Übung

1

im Kursbuch

1. Was passt nicht? Ergänzen Sie die Wörter.

Tiere	Bücher	Schmuck			Haushaltsgeräte
Haushalt	~~Musik~~	Reise	Sport/Freizeit	Gesundheit	
			Sprachen	Möbel	

a) Plattenspieler – Radiorekorder – Mikrowelle – CD-Player: *Musik*

b) Elektroherd – Mikrowelle – Waschmaschine – Waschbecken: _____

c) Schlafsack – Halskette – Reiseführer – Hotel – Zelt: _____

d) Geschirr spülen – Rad fahren – Tennis – Fußball: _____

e) Sprechstunde – Pause – Medikament – Arzt: _____

f) Ring – Halskette – Messer – Ohrring: _____

g) Bücherregal – Elektroherd – Sessel – Schrank: _____

h) Typisch – Türkisch – Spanisch – Deutsch: _____

i) Kochbuch – Reiseführer – Reiseleiter – Wörterbuch: _____

j) Hund – Schwein – Pferd – Rind – Katze – Hähnchen: _____

k) aufräumen – Wäsche waschen – Betten machen – aufpassen: _____

Nach Übung

1

im Kursbuch

2. Was ist das? Ergänzen Sie.

a) Es ist kein Mensch und kein Tier, aber es lebt auch. _____

b) Im Zelt schläft man in einem _____

c) Ein Schmuckstück für den Hals ist eine _____

d) Sie verstehen ein Wort nicht, dann brauchen Sie ein _____

e) Zum Feuer machen braucht man ein _____

f) Ein Film extra für das Fernsehen gemacht ist ein _____

g) CD-Platten, Musikkassetten und _____

h) Paul muss nicht spülen, er hat einen _____

i) Es sind Pflanzen. Man schenkt sie gerne Frauen. _____

j) Ein Buch mit Reiseinformationen ist ein _____

3. Alle mögen Opa. Warum? Schreiben Sie.

Nach Übung

2

im Kursbuch

a) (Wolfgang) einen Videorekorder schenken

Er hat ihm einen Videorekorder geschenkt.

b) (Beate) das Auto leihen

c) (Beate und Wolfgang) ein Haus bauen

d) (Kinder) Geschichten erzählen

e) (ich) ein Fahrrad kaufen

f) (du) Briefe schreiben

g) (wir) Pakete schicken

h) (Sie) den Weg zeigen

4. Ergänzen Sie die Tabellen. Machen Sie vorher Übung 2 auf Seite 107 im Kursbuch.

Nach Übung

2

im Kursbuch

Wer?		Wem?	Was?
a) Der Verkäufer Er	zeigt	Carola und Hans den Kindern ihnen	ein Radio.
b) *Der* _____	erklärt	*Y* _____	den Dativ.
c) _____	will	*E* _____	helfen.
d) _____	schenkt	_____	eine Halskette.
e) _____	kauft	_____	ein Fahrrad.

5. Bilden Sie Sätze.

Nach Übung

3

im Kursbuch

a)

Mutter
45 Jahre
hört gern Musik
raucht
reist gern

Reisetasche   Kochbuch   Skibrille
~~Feuerzeug~~   Kamera   Fußball
Wörterbuch   ~~Schallplatte~~   Briefpapier

b)

Vater
50 Jahre
spielt Fußball
kocht gern
Hobby-Fotograf

a) Die Mutter:
Ihr kann man eine Schallplatte
schenken, denn sie hört gern Musik.
Ihr kann man ein Feuerzeug..., denn,...
Ihr kann man ...

b) Der Vater:
Ihm kann man ...
...

c)

Tochter
18 Jahre
schreibt gern Briefe
lernt Spanisch
fährt gern Ski

c) Die Tochter:
Ihr kann man ...
...

Lektion 9

6. Hören, verstehen, schreiben.

a) Dialog A
Hören Sie den Dialog A aus Übung 4 im Kursbuch auf Seite 108. Lesen Sie dann die Tabelle und den Text.

wann?	was?	bei wem?
morgen	*Feier*	*bei Hilde und Georg*

Geschenkideen	gut (+) / nicht gut (−)
1 *Wörterbuch lernen Französisch*	*haben schon eins*
2 *Flasche Wein*	*trinken keinen Wein*
3 *Musikkassetten hören gern Musik*	*gute Idee*

Morgen ist bei Hilde und Georg eine Feier. Die Gäste möchten ein Geschenk mitbringen. Die Frau will ihnen ein Wörterbuch schenken, denn Hilde und Georg lernen Französisch. Aber sie haben schon eins. Eine Flasche Wein können die Gäste auch nicht mitbringen, denn Hilde und Georg trinken keinen Wein. Aber sie hören gern Jazz. Deshalb schenken die Gäste ihnen eine Musikkassette.

b) Dialog C
Hören Sie den Dialog C aus Übung 4 im Kursbuch auf Seite 108. Notieren Sie dann.

wann?	was?	bei wem?
	Dienstjubiläum	

Geschenkideen	gut (+) / nicht gut (−)
1 *raucht gern*	*das ist*
2 *Kochbuch*	*hat schon*
3 *seine*	*Idee ist*

Schreiben Sie jetzt einen Text.
Morgen feiert Ewald sein Dienstjubiläum. Die Gäste möchten ... Der Mann will ...

7. Annabella hat Geburtstag. Goofy möchte ihr etwas schenken.

a) Lesen Sie den Comic und ergänzen Sie die Pronomen.

Nach Übung

4

im Kursbuch

Lektion 9

Nach Übung

4

im Kursbuch

8. Hertha hat Geburtstag. Paul möchte ihr etwas schenken. Schreiben Sie einen Comic.

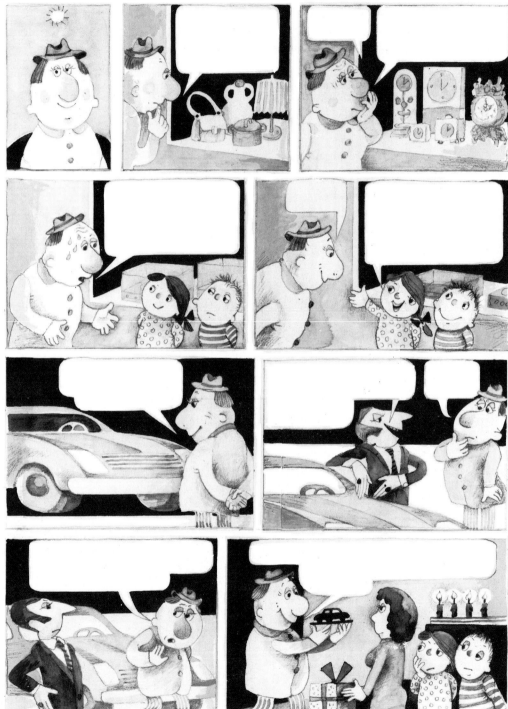

9. Schreiben Sie. Machen Sie vorher Übung 5 im Kursbuch auf Seite 109.

Nach Übung
5
im Kursbuch

Beispiel: *Bernd wird dreißig Jahre alt. Das möchte er am Freitag um 20 Uhr feiern. Er lädt Ulla ein. Sie soll ihm bis Dienstag antworten oder ihn anrufen.*

a) zu Übung 5a
Bettina hat ...

b) zu Übung 5b
Herr und Frau Halster ...

10. Ihre Grammatik. Ergänzen Sie.

Nach Übung
5
im Kursbuch

Nominativ	Dativ	Akkusativ
ich		
du		
Sie		
er		ihn
es		es
sie		sie

Nominativ	Dativ	Akkusativ
wir		
ihr		
Sie		
sie		sie

11. Was passt nicht?

a) Zimmer: hell – zufrieden – sauber – leer
b) Auto: gesund – schnell – laut – lang
c) Pullover: teuer – gut – breit – groß
d) Nachbar: dick – nett – klein – niedrig
e) Stuhl: leicht – niedrig – klein – langsam
f) Schrank: breit – schwer – kalt – schön

12. Was passt nicht?

a) wohnen: billig – ruhig – groß – schön
b) arbeiten: gern – nett – langsam – immer
c) schmecken: bitter – süß – schnell – gut
d) essen: warm – gesund – schnell – klein
e) feiern: dick – gerne – oft – laut
f) erklären: falsch – genau – hoch – gut

Nach Übung
8
im Kursbuch

13. Ihre Grammatik. Ergänzen Sie.

Nach Übung
8
im Kursbuch

klein	kleiner	am kleinsten	lang		
		am billigsten		größer	
	schneller				am schmalsten
neu					am besten
	lauter		gern		
		am leichtesten		mehr	

Lektion 9

Nach Übung

8

im Kursbuch

14. Ergänzen Sie.

Wir haben ein Schiffauto gebaut.
Aber es hat uns nicht gefallen.

Zuerst war es zu klein,
da haben wir es *größer*
gemacht.

a) Dann war es zu groß, da haben wir es wieder _____ gemacht.
b) Dann war es zu breit, da haben wir es _____ gemacht.
c) Dann war es zu schmal, da haben wir es wieder _____ gemacht.
d) Dann war es zu niedrig, da haben wir es _____ gemacht.
e) Dann war es zu hoch, da haben wir es wieder _____ gemacht.
f) Dann war es zu kurz, da haben wir es _____ gemacht.
g) Dann war es zu lang, da haben wir es wieder _____ gemacht.
h) Dann war es zu schwer, da haben wir es _____ gemacht.
i) Dann war es zu leicht, da haben wir es wieder _____ gemacht.
j) Dann war es zu hässlich, da haben wir es _____ gemacht.
k) Zum Schluß war es uns zu teuer, und es war auch nicht mehr in Ordnung. Wir haben es nämlich _____ gemacht.

Nach Übung

8

im Kursbuch

15. Bilden Sie Sätze.

a) teuer sein

Pension Huber   +   *Der Gasthof „Zur Post" ist teurer*
Gasthof „Zur Post"   ++   *als die Pension Huber. Am teuersten*
Schlosshotel   +++   *ist das Schlosshotel.*

b) hoch sein   c) alt sein

Big Ben in London   +   Humboldt-Universität Berlin   +
Olympiaturm in München   ++   Universität Straßburg   ++
Eiffelturm in Paris   +++   Karls-Universität in Prag   +++

d) groß sein   e) lang sein   f) gern spielen (Boris)

Münster   +   Weser   +   Fußball   +
Dresden   ++   Elbe   ++   Golf   ++
Berlin   +++   Rhein   +++   Tennis   +++

g) gut Deutsch sprechen   h) schnell schwimmen   i) schön wohnen

George   +   Paula   +   Bernd   +
Monique   ++   Linda   ++   Thomas   ++
Natalie   +++   Yasmin   +++   Jochen   +++

16. Schreiben Sie.

a) die Lampe – teuer

○ *Nimm doch die Lampe da!*
□ *Die gefällt mir ganz gut,*
aber ich finde sie zu teuer.
○ *Dann nimm doch die da*
links, die ist billiger.

b) der Tisch – niedrig

○ *Nimm doch ...*
□ *Der gefällt ...*

c) der Teppich – breit
d) das Regal – groß
e) die Uhr – teuer

f) die Sessel (Pl.) – unbequem
g) die Teller (Pl.) – klein

17. Ergänzen Sie.

○ Guten Tag. Kann ich (a) ___*Ihnen*___ helfen?

□ Ja, ich suche eine Bürolampe. Können Sie (b) _____ bitte (c) _____ zeigen?

○ Gern. Hier habe ich (d) _____ für 48 Mark. (e) _____ kann ich (f) _____ sehr empfehlen. (g) _____ ist sehr günstig.

□ Ja, (h) _____ ist ganz praktisch, aber (i) _____ gefällt (j) _____ nicht.

○ Und (k) _____ hier? Wie gefällt (l) _____ _____ ?

□ Ganz gut. Was kostet (m) _____ denn?

○ 65 Mark.

□ Das ist (n) _____ zu teuer.

○ Wir haben hier noch (o) _____ für 37 Mark.

□ (p) _____ finde ich ganz schön. (q) _____ nehme ich. Können Sie (r) _____ bitte einpacken?

○ Ja, natürlich.

18. Welche Antwort passt?

a) Was hat Ihre Frau dazu gesagt?
   Ⓐ Das hat ihr nicht gefallen.
   Ⓑ Sie hat es immer wieder gesagt.
   Ⓒ Sie hat das nicht gut gefunden.

b) Sind Sie jetzt wirklich glücklich?
   Ⓐ Ja, sie sind wirklich glücklich.
   Ⓑ Ja, ich bin wirklich glücklich.
   Ⓒ Ja, sie ist wirklich glücklich.

c) Schenk ihr doch einen Walkman.
   Ⓐ Hat sie noch keinen?
   Ⓑ Der ist am besten.
   Ⓒ Was ist das denn?

d) Nimm doch den zu 99 Mark.
   Ⓐ Und warum?
   Ⓑ Der ist am billigsten.
   Ⓒ Welchen kannst du mir denn empfehlen?

Lektion 9

19. Was passt zusammen?

A. Mit welchen Geräten kann man . . .

a)	Radio	

Musik hören? _____

Musik aufnehmen? _____

Nachrichten hören? _____

Nachrichten hören und sehen? _____

die Kinder filmen? _____

Videokassetten abspielen? _____

Filme aufnehmen? _____

fotografieren? _____

Filme ansehen? _____

Interviews aufnehmen? _____

Sprachkassetten abspielen? _____

fernsehen? _____

a)	Radio
b)	Radiorekorder
c)	CD-Player
d)	(Foto-)Kamera
e)	Fernsehgerät
f)	Videokamera
g)	Videorekorder
h)	Video-Walkman
i)	Walkman

B. Was kann man mit den Geräten machen?

a) *Mit einem Radio kann man Nachrichten hören.*

b) ...

20. Ihre Grammatik.

Unterstreichen Sie:

Wer/Was?

Wem?

Wen/Was?

a) Der Verkäufer hat ihr auf der Messe den Walkman erklärt.
b) Den Walkman hat er ihr auf der Messe erklärt.
c) Dort hat er ihr den Walkman erklärt.
d) Er hat ihr früher oft geholfen.
e) Seine Tante hat ihm deshalb später das Bauernhaus vererbt.
f) Das Bauernhaus hat sie ihm deshalb vererbt.
g) Die Großstadt hat ihm zuerst ein bisschen gefehlt.
h) Später hat sie ihm nicht mehr gefehlt.

	Vorfeld	Verb$_1$	Subj.	Ergänz.	Angabe	Ergänzung	Verb$_2$
a)	*Der Verkäufer*	*hat*		*ihr*	*auf der Messe*	*den Walkman*	*erklärt.*
b)							
c)							
d)							
e)							
f)							
g)							
h)							

Lektion 10

Vocabulary

verbs

aufpassen	to pay attention, to listen well
berichten	to report, to tell
besichtigen	to visit sights
bestehen (aus)	to consist (of)
erfinden	to invent
fließen	to flow
gehören	to belong to
wachsen	to grow
wählen	to choose, to elect
wandern	to hike

nouns

r Anfang, ¨e	beginning, start
s Ausland	foreign countries
r Bach, ¨e	stream
e Beamtin, -nen	female civil servant
r Beamte, -n; ein Beamter	male civil servant
r Berg, -e	mountain
e Brücke, -n	bridge
s Datum, Daten	date
r Dialekt, -e	dialect
s Elektrogerät, -e	electrical appliance
e Firma, Firmen	firm, company
r Fluss, ¨e	river
s Gasthaus, ¨er	pub, inn
s Gebiet, -e	region, area
r Hafen, ¨	harbour, port
s Jahrhundert, -e	century
r Kilometer, -	kilometre
e Kneipe, -n	pub, bar
r Kohl	cabbage
e Küste, -n	coast
Lebensmittel (plural)	food
r Meter, -	metre
e Ministerin, -nen	female minister (politics)
r Minister, -	male minister (politics)
e Nation, -en	nation
e Pension, -en	guesthouse
e Politikerin, -nen	female politician
r Politiker, -	male politician
e Schauspielerin, -nen	actress
r Schauspieler, -	actor
e Schriftstellerin, -nen	female writer
r Schriftsteller, -	male writer
e Sehenswürdigkeit, -en	sight, places of interest
r Sitz, -e	seat
e Sprache, -n	language
r Staat, -en	state
s Studium	studies
r Tod	death
e Touristin, -nen	female tourist
r Tourist, -en	male tourist
s Werk, -e	work

adjectives

blau	blue
endgültig	final
fertig	finished
international	international
offiziell	official
tief	deep

adverbs

damals	then, at that time
daher	therefore

function word

darin	in it

expression

das erste Mal	for the first time

Lektion 10

Grammar

1. The date

Since chapter 1 you have been familiar with cardinal numbers. In this chapter you are introduced to ordinal numbers, which are formed by adding -te to the numbers 1 to 19 and -ste from 20 to 100. Ordinal numbers are used in dates, e.g.:

Heute ist der 20.5.	Ich komme am 20.5.
(der zwanzigste fünfte/Mai)	(am zwanzigsten fünften/Mai)
the twentieth of May	on the twentieth of May

	Heute ist …	Ich komme …
	der …-te	am …-ten
1.1.	der erste Januar	am ersten Januar
2.2.	der zweite Januar	am zweiten Januar
3.3.	der dritte März	am dritten März
4.4.	der vierte April	am vierten April
5.5.	der fünfte Mai	am fünften Mai
6.6.	der sechste Juni	am sechsten Juni
7.7.	der siebte Juli	am siebten Juli
8.8.	der achte August	am achten August
	der …-ste	am …-sten
20.11.	der zwanzigste November	am zwanzigsten November
21.12.	der einundzwanzigste Dezember	am einundzwanzigsten Dezember

Looking at these examples you can see that dates are written differently in German, i.e. with full stops separating the numbers rather than strokes or hyphens. The order of the numbers is day, month, year.

Remember: If you have the article *der* in front of the date, you use the endings -te or -ste respectively. If you have *am* in front of the date you use -ten or -sten respectively.

1.2. The use of prepositions in expressions of time

There are many prepositions used in expressions of time. The following table contains a list of them with examples of how they are used.

preposition	use	question	examples
an + dative on	point in times (days, times of day, dates)	wann?	am Montag, am Abend, am 5. April
in + dative in	– point in time (month, season, *Nacht, Jahr*) – future point in time (minutes, hours, days, weeks, months, years)	wann?	– im Juli, im Sommer, in der Nacht, im Jahr 1985 – in sechs Minuten, Stunden, Tagen, Wochen, Monaten, Jahren

nach + dative after	point in time (minutes, hours, days, weeks, months, years, date, time of day, events)	wann?	nach drei Minuten, Stunden, Tagen, Wochen, Monaten, Jahren nach dem 6. Januar, nach 15.00 Uhr, nach dem Krieg
um at	point in time (time of day)	wann?	um 19.00 Uhr, um halb sechs
vor + dative ago	point in time in the past (minutes, hours, days, weeks, months, years, events)	wann?	vor fünf Stunden, Minuten vor sechs Tagen, zwei Wochen, hundert Jahren vor dem Krieg
bis/bis zu + dative	limited period of time (days, months, years, seasons, date, time of day, events)	bis wann?	bis Montag, bis Juli, bis zum Sommer, bis zum 24.5., bis 22.00 Uhr, bis 1880, bis zu seinem Tod
seit + dative since/for	period of time or point in time (minutes, hours, days, weeks, months, years, time of day, date, events)	seit wann?	seit 3 Minuten, Stunden, Tagen, Monaten, Jahren seit Juli, seit Montag, seit 1880, seit dem 5. Mai, seit 16.30 Uhr, seit seinem Tod
von ... bis (zu) + dative from ... until	period of time from one point in time to another (days, times of the day, months, years, date, time of day, events)	wie lange?	von Montag bis Freitag, von Mai bis August, von 1560 bis 1842, von gestern bis heute, von 7.30 Uhr bis 16.00 Uhr, vom 15. Mai bis zum 9. September, vom Morgen bis zum Abend, von 1964 bis zu seinem Tod

1.3. Exercise:
Write the following dates in full.
a) 5.7. _____
b) 23.4. _____
c) 1.10. _____
d) 13.11._____

e) 7.2. _____
f) 27.3. _____
g) 3.8. _____
h) 16.6. _____

1.4. Exercise:
Translate the expressions of time and use the appropriate prepositions.
a) before the war _____
b) in December _____
c) until the evening _____
d) from Aug 15 to Aug 22 _____
e) in two years _____
f) on Thursday _____
g) after the party _____

Lektion 10

h) after seven months _____
i) at a quarter to nine _____
j) three days ago _____
k) for three years _____
l) in the afternoon _____

2.   The genitive case: nouns, articles and possessive articles (§ 4 p. 129, § 5, 6 p. 130)

2.1. The use of the genitive case

The genitive case is used as a noun complement, e.g.:

die Erfindung des Automotors   the invention of the car engine
die Reise unserer Großeltern   our grandparents' trip

It is also used to express possession as an alternative to *von* + dative, e.g.:

die Telefonnummer meines Vaters   my father's telephone number
(die Telefonnummer von meinem Vater)
der Name des Landes   the name of the country
(der Name von dem Land)

With proper names the genitive case can or must (with people) come before the noun it relates to, e.g.:

im Westen Deutschlands   _____
in Deutschlands Westen
im Westen von Deutschland   Barbaras Adresse
                                die Adresse von Barbara

2.2. The formation of the genitive case

	definite article	indefinite article		possessive article
		positive	negative	
der	des Stuhls	eines Stuhls	keines Stuhls	meines ... Stuhls
die	der Lampe	einer Lampe	keiner Lampe	meiner ... Lampe
das	des Regals	eines Regals	keines Regals	meines ... Regals
plural	der Stühle Lampen Regale		keiner Stühle Lampen Regale	ihrer Stühle Lampen Regale

Remember: The characteristic endings of the genitive case are for masculine and neuter nouns **-s** and for the feminine and plural **-r**. Masculine and neuter nouns in the genitive case take the ending **-s** or sometimes **-es**.

2.3. Exercise:

Translate the following expressions using the genitive case.

a) the capital of the country _____

b) his friend's letter _____

c) Katja's telephone number _____

d) the towns of Germany _____

e) the houses of the island _____

f) my wife's ring _____

g) the doors of the car _____

3. Names of countries (§ 10 p. 132)

Most names of countries have no article in German.e.g.:

	wir fahren	wir wohnen	(genitive)
Deutschland	nach Deutschland	in Deutschland	die Hauptstadt Deutschlands ist Berlin
Frankreich	nach Frankreich	in Frankreich	die Hauptstadt Frankreichs ist Paris

There are, however, some names of countries that have an article.e.g.:

	wir fahren (accus.)	wir wohnen (dat.)	(genitive)
die Schweiz	in die Schweiz	in der Schweiz	die Hauptstadt der Schweiz ist Bern
die Bundesrepublik	in die Bundesrepublik	in der Bundesrepublik	
die Türkei	in die Türkei	in der Türkei	
die USA (plural)	in die USA	in den USA	
die Niederlande (plural)	in die Niederlande	in den Niederlanden	

4. Prepositions with the accusative case (§ 15 p.134, § 18 p.136)

In German there are some prepositions that are always followed by a noun in the accusative case. This is a list of the most common ones.

preposition	translation	examples
durch	through	Der Rhein fließt durch die Bundesrepublik.
für	for	Die Schallplatte ist für meinen Bruder.
gegen	against	Ich schlug den Ball gegen die Mauer.
	for	Ich brauche ein Medikament gegen Kopfschmerzen.
	about, around	Ich komme gegen halb acht.
ohne	without	Ich fahre ohne meinen Freund in Urlaub.
um	around	Um den Bodensee gibt es einen Wanderweg.
	at	Komm bitte pünktlich um neun Uhr.

Lektion 10

5. The interrogative article welch- (§ 7 p.131)

The interrogative *welch-* asks for a specific person or object. That's why the definite article or a proper name is always used in the answer. It corresponds to the English interrogative *which* and is, as in English, used together with a noun. As *welch-* is used like an article it is also declined like an article.e.g.:

de**r** Fluss	○ Welche**r** Fluss fließt durch Hamburg?	□ Die Elbe.
di**e** Stadt	○ Welch**e** Stadt liegt am Rhein?	□ Bonn.
da**s** Land	○ Welch**es** Land liegt im Süden?	□ Die Schweiz.
di**e** Sprachen	○ Welch**e** Sprachen spricht man in der Schweiz?	
	□ Deutsch, Französisch, Italienisch und Rätoromanisch.	

With *welch-* you can also ask about an accusative or dative object, and it can also be used, like *which* in English, together with a preposition.e.g.:

Welch**en** Schauspieler aus Deutschland kennen Sie?
Welch**er** Frau gehören die Schuhe da?
In welch**em** See liegt die Insel Mainau?

The following table contains all forms of *welch-*:

	masculine	feminine	neuter	plural
nominative	welch**er**	welch**e**	welch**es**	welch**e**
accusative	welch**en**	welch**e**	welch**es**	welch**e**
dative	welch**em**	welch**er**	welch**em**	welch**en**
genitive	welch**es**	welch**er**	welch**es**	welch**er**

5.1. Exercise:

Supply the correct form of *welch-*

a) ○ Mit _____ Bus bist du gekommen?
   □ Mit dem 5-Uhr Bus.
b) ○ _____ Schriftsteller magst du denn am liebsten?
   □ Ich lese gern Bücher von Thomas Mann.
c) ○ _____ Rat hat dir denn der Arzt gegeben?
   □ Ich soll nicht so fett essen und viel Sport treiben.
d) ○ Für _____ Zimmer sind denn die Vorhänge?
   □ Die habe ich für das Kinderzimmer gekauft.
e) ○ In _____ Hotel hast du gewohnt?
   □ Im „Krokodil", aber es war furchtbar.
f) ○ _____ Supermarkt hat denn gute Sonderangebote?
   □ Der HARMS-Lebensmittelfachmarkt an der Ecke.

6. Expressions of measurement

To express size, weight, depth, age, etc. the following construction consisting of number + measurement + adjective is used, e.g.:

Der Wanderweg ist 316 Kilometer lang.
Der Berg ist 1064 Meter hoch.
Der See ist 14 Kilometer breit.
Der See ist 252 Meter tief.
Der See ist 539 Quadratkilometer groß.
Rüdiger ist 28 Jahre alt.
Rüdiger ist 76 Kilogramm schwer.

Lektion 10

Nach Übung

1

im Kursbuch

1. Welches Wort passt?

a) Wien ist ＿＿＿＿＿＿＿＿＿ von Österreich.
   Ⓐ ein Ausland   Ⓑ die Hauptstadt   Ⓒ ein Staat

b) Ein ＿＿＿＿＿＿＿＿＿ braucht Benzin und hat 2 Räder.
   Ⓐ Fahrrad   Ⓑ Motorrad   Ⓒ Auto

c) ○ Welches ＿＿＿＿＿＿＿＿＿ haben wir heute?
   □ Heute ist der 1. Juni 1991.
   Ⓐ Datum   Ⓑ Termin   Ⓒ Tag

d) In meinem Regal stehen alle ＿＿＿＿＿＿＿＿＿ von Goethe.
   Ⓐ Adressen   Ⓑ Dialekte   Ⓒ Werke

e) In Deutschland ist ein Lehrer ＿＿＿＿＿＿＿＿＿.
   Ⓐ Künstler   Ⓑ Handwerker   Ⓒ Beamter

f) Im Theater arbeiten ＿＿＿＿＿＿＿＿＿.
   Ⓐ Schauspieler   Ⓑ Künstler   Ⓒ Schriftsteller

Nach Übung

2

im Kursbuch

2. Welche Wörter bedeuten Berufe, welche nicht?

Arzt   Friseur   Person   Verkäufer   Doktor   Kollege   Österreicher   Chef
Sohn   Deutscher   Tante   Politiker   Polizist   Junge
Bäcker   Student   Mann   Hausfrau   Tourist   Nachbar
Bruder   Lehrer   Schriftsteller
Theater   Passagier   Eltern   Minister   Freund   Maler   Tochter
Schauspieler   Schweizer   Beamter   Herr   Schüler   Soldat   Ausländer

a) Berufe

   Arzt / Ärztin
   . . .

b) keine Berufe

   Student / Studentin
   . . .

Nach Übung

3

im Kursbuch

3. Schreiben Sie die Zahlen.

a) der 1. ＿＿＿＿＿＿＿ Januar
b) der 2. ＿＿＿＿＿＿＿ Februar
c) der 3. ＿＿＿＿＿＿＿ März
d) der 4. ＿＿＿＿＿＿＿ April
e) der 5. ＿＿＿＿＿＿＿ Mai
f) der 6. ＿＿＿＿＿＿＿ Juni
g) der 7. ＿＿＿＿＿＿＿ Juli

h) der 8. ＿＿＿＿＿＿＿ August
i) der 9. ＿＿＿＿＿＿＿ September
j) der 10. ＿＿＿＿＿＿＿ Oktober
k) der 11. ＿＿＿＿＿＿＿ November
l) der 12. ＿＿＿＿＿＿＿ Dezember
m) der 13. ＿＿＿＿＿＿＿ August
n) der 14. ＿＿＿＿＿＿＿ Oktober

4. Was passt zusammen?

Nach Übung

3

im Kursbuch

Fußball	einen Brief	ein Buch	eine Insel	ein Bild
eine Maschine	ein Lied	ein Gerät	ein Land	Tennis

a) _____ entdecken

b) _____ schreiben

c) _____ komponieren

d) _____ erfinden

e) _____ malen

f) _____ spielen

5. Wann hat... gelebt? Schreiben Sie.

Nach Übung

3

im Kursbuch

a) Thomas Mann   1875–1955

von achtzehnhundertfünfundsiebzig bis neunzehnhundertfünfundfünfzig

b) Max Frisch   1911–1991
c) Albert Einstein   1879–1955
d) Adolph von Menzel   1815–1905
e) Heinrich Heine   1797–1856
f) Friedrich Schiller   1759–1805

g) Johann Sebastian Bach   1685–1750
h) Martin Luther   1483–1546
i) Meister Eckhart   1260–1328
j) Friedrich I. Barbarossa 1125–1190
k) Karl der Große   742–814

6. Was wissen Sie über Thomas Mann? Schreiben Sie.

Nach Übung

3

im Kursbuch

1875 in Lübeck
mit 26 Jahren das Buch „Die Buddenbrooks"
etwa 40 Jahre lang in München
fünf Kinder
1929 den Nobelpreis für Literatur
1933 aus Deutschland
kurze Zeit in der Schweiz
1938 nach Amerika
nach dem Zweiten Weltkrieg nach Europa
von 1952 bis zu seinem Tod in der Schweiz
Deutschland nur noch manchmal
1955 in Kilchberg bei Zürich

bekommen   besuchen
~~geboren~~ sein   gehen
haben   leben   sein
schreiben   sterben
zurückkommen
weggehen   wohnen

Thomas Mann ist 1875 in Lübeck geboren.

...

Lektion 10

7. Ergänzen Sie.

von ... bis   bis   in   an   seit   nach   vor

Goethe ist (a) _____ 28. August 1749 in Frankfurt geboren. (b) _____ 1765 geht er dort zur Schule. (c) _____ 1765 _____ 1768 studiert er in Leipzig. (d) _____ _____ Studium dort geht er an die Universität in Straßburg und promoviert dort (e) _____ Jahr 1771. Er wohnt dann wieder in Frankfurt und arbeitet dort (f) _____ 1771 _____ 1775 als Rechtsanwalt. (g) _____ _____ vier Jahren in Frankfurt schreibt er den Roman „Die Leiden des jungen Werthers". Das Buch macht ihn in ganz Europa berühmt. (h) _____ Jahr 1775 ruft ihn der Herzog Karl August nach Weimar. Goethe arbeitet dort als Landesbeamter und sogar als Minister. 1786 reist er nach Italien und bleibt dort (i) _____ 1788. Er kommt (j) _____ _____ Reise nach Weimar zurück. 1806 heiratet er Christiane Vulpius. Mit ihr lebt er schon (k) _____ 1788 zusammen. (l) _____ _____ Weimarer Zeit interessiert ihn vor allem die Naturwissenschaft. Erst (m) _____ _____ Freundschaft und Zusammenarbeit mit Friedrich Schiller (1794 (n) _____ 1805) schreibt er wieder wichtige literarische Werke: „Wilhelm Meisters Lehrjahre", „Reineke Fuchs", „Hermann und Dorothea", „Die natürliche Tochter" und, (o) _____ Schillers Tod 1805, den „Faust" (1. Teil), die „Wahlverwandtschaften", „Aus meinem Leben. Dichtung und Wahrheit", „Wilhelm Meisters Wanderjahre" und den „West-östlichen Divan". (p) _____ _____ letzten Monaten (q) _____ _____ Tod beendet er die Arbeiten am „Faust 2. Teil". Goethe stirbt (r) _____ Jahr 1832 in Weimar.

8. Woher kommt er/sie? Was spricht er/sie? Schreiben Sie.

a)   b)   c)   d)

Er ist Spanier.
Er kommt aus Spanien.
Er spricht Spanisch.

Nach Übung

5

im Kursbuch

9. Lesen Sie noch einmal die Seiten 13, 16 und 17 im Kursbuch. Ergänzen Sie dann.

	Er/Sie heißt…	Er/Sie ist aus…	Er/sie ist…	Er/sie spricht…
a)	Julia Omelas Cunha		Brasilianerin	
b)	Victoria Roncart	Frankreich		
c)	Farbin Halim			Hindi
d)	Kota Oikawa	Japan		
e)	Sven Gustafsson			Schwedisch
f)	Ewald Hoppe		Pole	
g)	John Roberts			Englisch
h)	Monika Sager	Deutschland		

Nach Übung

5

im Kursbuch

10. Ergänzen Sie.

> aber   dann   deshalb   oder   und   trotzdem   sonst

a) Deutsch spricht man in Deutschland _____ in Österreich, _____ auch in einem Teil der Schweiz.

b) Das Elsaß gehört zu Frankreich, _____ viele Menschen sprechen dort einen deutschen Dialekt.

c) Der Süden von Dänemark war früher manchmal deutsch und manchmal dänisch. _____ sprechen dort noch viele Menschen Deutsch.

d) Seit mehr als 100 Jahren leben deutsche Familien in der UdSSR. Sie hatten wenig Kontakt zu Deutschland. _____ haben sie die deutsche Sprache nicht vergessen. Ihr Deutsch ist nicht sehr modern, _____ jeder Deutsche kann sie gut verstehen.

e) Sie möchten die deutsche Sprache und ihre Dialekte kennenlernen? _____ machen Sie am besten eine Reise durch Deutschland!

f) Herr und Frau Raimund möchten Französisch lernen. _____ machen sie beide einen Sprachkurs. Im Juli ist der Kurs zu Ende. _____ wollen sie in Frankreich Urlaub machen.

g) Was kann man leichter lernen: Englisch _____ Französisch?

h) Man muss eine Fremdsprache gut sprechen, _____ kann man im Ausland keine Freunde finden.

Lektion 10

Nach Übung

6

im Kursbuch

11. Ergänzen Sie.

a) die Sehenswürdigkeiten (Hauptstadt) *der Hauptstadt*
b) der Komponist (Lieder) _____ _____
c) am Anfang (Jahrhundert) _____ _____
d) das Wahrzeichen (Stadt) _____ _____
e) der Sitz (Stadtparlament) _____ _____
f) der Chef (Orchester) _____ _____
g) im Westen (Land) _____ _____
h) die Namen (Firmen) _____ _____
i) das Dach (Turm) _____ _____
j) die Adressen (Geschäfte) _____ _____

Nach Übung

6

im Kursbuch

12. Sagen Sie es anders.

Das ist die Telefonnummer...   = Das ist die Telefonnummer...

a) meiner Mutter   = *von meiner Mutter*

b) seines Vaters   = *von* _____
c) unserer Schule   = _____
d) ihres Chefs   = _____
e) deines Kollegen   = _____
f) der Reinigung   = _____
g) des Rathauses   = _____
h) unserer Nachbarn   = _____

i) *der Bibliothek* _____   = von der Bibliothek
j) _____   = von meinem Vermieter
k) _____   = vom Gasthaus Schmidt
l) _____   = von einem Restaurant
m) _____   = vom Café Fischer
n) _____   = von unserem Arzt
o) _____   = von euren Nachbarn
p) _____   = vom Nationalmuseum

Das ist die Telefonnummer...   = Das ist...

q) von Barbara   = *Barbaras Telefonnummer*
r) von Werner   = _____
s) von Hannes   = _____
t) von Jürgen   = _____
u) von Ulrike   = _____

13. Lesen Sie im Kursbuch Seite 122. Steht das so im Text?

Nach Übung

7

im Kursbuch

	r	f
1. Der Dresdner Zwinger ist die größte Kirche Deutschlands.		
2. Im Juni 1880 war das Riesenrad endlich fertig.		
3. Der Österreicher H. von Karajan hat in Berlin gearbeitet.		
4. In der neuen Pinakothek gibt es keine Bilder aus dem 17. Jahrhundert.		
5. Ein Engländer hat den Berner „Zytglogge" gebaut.		
6. Heute können die Touristen den Dresdner Zwinger wieder besichtigen.		
7. In die Stadt Bern kann man nur durch einen Turm hineinkommen.		
8. Die Bauzeit des Kölner Doms war sehr lang.		
9. Der „Michel" steht am Hamburger Hafen.		
10. In Frankfurt finden die Messen auf dem Römerberg statt.		

14. Welches Verb passt? Ergänzen Sie.

Nach Übung

7

im Kursbuch

geboren sein	gehören	bestehen	gestorben sein	raten	wählen	besichtigen

a) zu Österreich / zum Hotel / zu einer Gruppe _____

b) einen Namen / eine Person / richtig _____

c) in Wien / mit 79 Jahren / am 5. Januar _____

d) einen Minister / einen Politiker / das Parlament _____

e) eine Kirche / das Denkmal / ein Schloss _____

f) aus Fleisch und Gemüse / aus Holz / aus Papier _____

g) in Heidelberg / am 25. Mai 1954 / vor 25 Jahren _____

15. Ergänzen Sie. Was passt zusammen?

Nach Übung

7

im Kursbuch

mit einem Freund	bei einem Freund	für einen Freund	dem Freund ein Buch
einem Freund	ein Freund	zu einem Freund	einen Freund

a) _____ telefonieren / verabredet sein / sprechen

b) _____ leihen / schenken / schicken

c) _____ wohnen / bleiben / übernachten

d) _____ gehen / ziehen / fahren

e) _____ helfen / leid tun / zuhören

f) _____ einkaufen / bezahlen / Zeit haben

g) _____ anrufen / einladen / heiraten

h) _____ sein / bleiben / werden

Lektion 10

16. Welche Verben sind möglich?

A. Herr Ziehl
- a) ☐ fährt
- b) ☐ arbeitet
- c) ☐ besichtigt
- d) ☐ bleibt
- e) ☐ bringt
- f) ☐ beschreibt
- g) ☐ fragt
- h) ☐ fotografiert
- i) ☐ trifft
- j) ☐ kennt

den Hafen. B. Deutschland
- a) ☐ besteht aus
- b) ☐ gehört zu
- c) ☐ verbindet mit
- d) ☐ geht zu
- e) ☐ liegt in
- f) ☐ kommt aus
- g) ☐ ist ein Teil von
- h) ☐ diskutiert mit
- i) ☐ ist in

Europa.

17. Ergänzen Sie. Lesen Sie vorher den Text im Kursbuch auf Seite 124.

(a) Am _____ treffen sich drei _____: (b) Deutschland, _____ _____ _____ Schweiz. (c) Die _____ zwischen den drei _____ sind sehr offen. (d) Man kann _____ Probleme _____ einem Land _____ das andere _____. (e) Im Südosten _____ Sees liegt Österreich, im Südwesten _____ Schweiz und im Norden Deutschland. (f) 168 Kilometer seines _____ gehören _____ Bundesrepublik. (g) Das Ufer in der _____ ist 69 _____, 40 Kilometer _____ als das Ufer in Österreich. (h) _____ Mai _____ Oktober verbinden _____ und zwei _____ die Städte am Bodensee. (i) Mehr als 200 _____ und _____ fließen in den See. (j) _____ ist 63 Kilometer _____ und 14 Kilometer _____. (k) Jedes Jahr kommen viele _____ _____ den Bodensee und _____ dort Urlaub. (l) Auf zwei über 300 Kilometer langen Wegen können Sie rund _____ den See _____ oder Rad fahren.

18. Ergänzen Sie die Präpositionen und Artikel.

in   durch   nach   auf   um   an   über

a) Viele Schweizer fahren _____ Friedrichshafen und kaufen dort ein.
b) _____ Westen der Schweiz sprechen die Leute Französisch.
c) In den Dörfern _____ _____ Nordseeküste und _____ _____ Nordseeinseln sprechen viele Leute Plattdeutsch.
d) Gestern sind wir _____ _____ Pfänder gewandert. Er ist 1064 Meter hoch. Der Blick von dort _____ _____ Bodensee ist fantastisch.
e) Der Wanderweg rund _____ _____ Bodensee ist 316 Kilometer lang.
f) Der Rhein fließt _____ _____ Bodensee.

g) Gehen Sie dort _____ _____ Brücke. Dann kommen Sie _____ _____ Insel Mainau.

h) Früher ist man in Bern _____ _____ Zeitglockenturm _____ _____ Stadt gegangen.

i) Das Land Liechtenstein liegt _____ _____ Nähe des Bodensees.

j) _____ _____ Bodenseeinseln dürfen keine Autos fahren.

k) Wir fahren am Wochenende _____ _____ Alpen. Denn _____ _____ Bergen liegt jetzt genug Schnee; man kann dort sehr gut Ski fahren.

19. Welches Wort passt nicht?

Nach Übung

11

im Kursbuch

a) Sprache – Dialekt – Deutsch – Buch

b) Ausland – Österreich – Schweiz – Liechtenstein

c) Strand – Küste – Meer – Ufer

d) Hafen – Bahnhof – Schiff – Flughafen

e) Meter – Kilogramm – Liter – Tasse – Kilometer

f) breit – rund – tief – lang – hoch – kurz

g) Kneipe – Museum – Hotel – Schloss – Denkmal

h) Fluss – Bach – Meer – Bad

i) Fahrrad – Fähre – Auto – Flugzeug

j) Nation – Staat – Land – Natur

k) Hafen – Brücke – Straße – Weg

l) Dorf – Stadt – Ort – Parlament

m) Frühling – Klima – Herbst – Sommer

n) Hotel – Pension – Museum – Gasthof

o) mit dem Auto – zu Fuß – mit dem Rad – mit dem Fuß – mit dem Schiff

20. Was passt?

Nach Übung

11

im Kursbuch

etwas vor allem meistens oft selten ganz

fast manchmal natürlich plötzlich vielleicht

a) (Gewöhnlich) _____ trinke ich abends Tee.

b) (Selbstverständlich) _____ kannst du mitkommen.

c) Das ist (völlig) _____ unmöglich.

d) Leider habe ich (kaum noch Freunde) _____ keine Freunde mehr.

e) (Ganz besonders) _____ mag ich Jazz-Musik.

f) (Eventuell) _____ fahren wir heute noch nach Hause.

g) Nach Berlin kommen wir (nicht oft) _____.

h) Möchten Sie noch (ein bisschen) _____ Wein?

i) Meine Freunde sehe ich (häufig) _____.

j) Auf dem Petersplatz in Rom waren viele Leute, und (in einer Sekunde) _____ habe ich meinen Freund nicht mehr gesehen.

k) Meistens kann ich gut schlafen, aber (nicht immer) _____ trinke ich zuviel Kaffee, und dann habe ich Probleme.

Lektion 10

21. Was passt?

a) Dieses Buch über die Berliner Museen ist _____ interessant.

    Ⓐ ganz besonders   Ⓑ praktisch   Ⓒ genau

b) Geh bitte zum Lebensmittelmarkt und kauf Milch. _____ brauche ich noch Obst und Gemüse vom Markt.

    Ⓐ Ungefähr   Ⓑ Außerdem   Ⓒ Wirklich

c) Ich komme etwa um sieben Uhr nach Hause, _____ auch etwas später.

    Ⓐ ungefähr   Ⓑ endlich   Ⓒ eventuell

d) Kleidung, Schuhe, Skizeug: Da ist ja _____ noch Platz im Koffer!

    Ⓐ fast   Ⓑ kaum   Ⓒ ziemlich

e) Fred hat das Auto erst vor vier Monaten gekauft. Es ist noch _____ neu.

    Ⓐ direkt   Ⓑ fast   Ⓒ eventuell

f) Das habe ich noch nie gesehen! Ich glaube, das geht gar nicht! Das ist _____ unmöglich.

    Ⓐ kaum   Ⓑ endlich   Ⓒ praktisch

g) _____ trinke ich morgens Tee, aber heute möchte ich gern einen Kaffee.

    Ⓐ Gewöhnlich   Ⓑ Praktisch   Ⓒ Unbedingt

h) Warum fragst du überhaupt? _____ bist du auch eingeladen.

    Ⓐ Wohl   Ⓑ Natürlich   Ⓒ Gar nicht

i) Sofie isst gern Torte, _____ Schokoladentorte.

    Ⓐ gleichzeitig   Ⓑ vor allem   Ⓒ eigentlich

j) _____ rufe ich dich an. Das ist doch gar kein Problem.

    Ⓐ Einfach   Ⓑ Wirklich   Ⓒ Selbstverständlich

k) Meine Wohnung hat nicht nur einen Balkon, sie hat _____ einen Garten.

    Ⓐ ungefähr   Ⓑ sogar   Ⓒ überall

22. Schreiben Sie den Brief neu.

a) Ordnen Sie die Teile.

> wandern. Die mir, sonst

> schon mit meinem es hier fantastisch.

> Grüße

> Sonne, und ich kann Berge sind herrlich. ist alles prima. Bis nächste

> Lieber Jol seit einer Zelt am Den ganzen

> ...annes, Woche bin ich nun Bodensee. Ich finde Tag haben wir

> stundenlang Nur du fehlst Woche! Ganz herzliche Kahin

b) Schreiben Sie den Brief.

> Lieber Johannes,
> seit einer Woche...

Lektion 1

1. **a)** *heißen · heiße*　**b)** heißt · ist　**c)** ist · bin　**d)** Sind · bin　**e)** bist · heiße　**f)** sind

2. **b)** Das bin ich.　**c)** Mein Name ist Mahler. / Ich heiße Mahler.　**d)** Nein, mein Name ist Beier. / Nein, ich heiße Beier.　**e)** Ich heiße Paul. / Mein Name ist Paul.

3. **a)** *ist* · bin · sind · ist　**b)** t · e · ist　**c)** en · e · ist　**d)** e · bist · ist

4.

	ich	du	Sie	mein Name/wer?
sein	*bin*	bist	sind	ist
heißen	heiße	heißt	heißen	

5. Situation A: Dialog c);　Situation B: Dialog e);　Situation C: Dialog a);　Situation D: Dialog b);　Situation E: Dialog d)

6. **a)** *Wie heißen Sie?* Mein Name ist Müller.　**b)** Wer ist Frau Beier? · Das bin ich.　**c)** Sind Sie Herr Lüders? · Nein, ich heiße Röder.　**d)** Wie heißt du? · Ich heiße Lea.　**e)** Wie geht es Ihnen? · Es geht.　**f)** Wie geht es dir? · Danke, gut! · Und dir? · Danke, auch gut!

7. **b)** dein Name　**c)** Wie geht es Ihnen?　**d)** wo?　**e)** Herr Farahani　**f)** Familienname　**g)** Ihre Telefonnummer　**h)** Danke schön!

8. **a)** *Wie* heißen Sie? · Wie ist Ihr Vorname? · Wo wohnen Sie? · Wie ist Ihre Adresse? · Wie ist Ihre Telefonnummer? / Und wie ist Ihre Telefonnummer?
   b) *Wie* heißt du? · Wie ist dein Familienname? · Wo wohnst du? · Wie ist deine Adresse? · Wie ist deine Telefonnummer? / Und wie ist deine Telefonnummer?

9. 1 Familienname　2 Vorname　3 Straße　4 Wohnort　5 Adresse　6 Telefonnummer

10. **a)** Wie　**b)** Wo　**c)** Wie　**d)** Wie　**e)** Wie　**f)** Wer　**g)** Wie　**h)** Wer

11. **a)** siebenundvierzig　**b)** achtundachtzig　**c)** einunddreißig　**d)** neunzehn　**e)** dreiunddreißig　**f)** zweiundfünfzig　**g)** dreizehn　**h)** einundzwanzig　**i)** fünfundfünfzig　**j)** dreiundneunzig　**k)** vierundzwanzig　**l)** sechsundsechzig　**m)** siebzehn　**n)** fünfundneunzig

12. **a)** We Ee eS – Ka eN zweiundfünfzig　**b)** Ce eL Pe – Jot Ypsilon vierunddreißig　**c)** Zet We – Aa eS siebenundzwanzig　**d)** eF u-Umlaut – iX Te achtundvierzig　**e)** eS Ha Ge – Ii Ce einundsiebzig　**f)** Te Be Be – Ka eM dreiundachtzig　**g)** Be Oo eR – Qu Uu fünfundneunzig　**h)** eM Te Ka – Ka eR siebzehn　**i)** Aa Uu eR – Vau Ypsilon neunundsechzig　**j)** eL o-Umlaut – Ka Ge zwölf　**k)** eF eF Be – Oo Te acht　**l)** eR Oo We – eS Ypsilon neunzehn

13. **a)** Kersten　**b)** Kersch　**c)** Kersting　**d)** Kerting　**e)** Kersen　**f)** Kertelge　**g)** Kerski

14. **b)** *Bitte* buchstabieren Sie langsam!　**c)** Bitte spielen Sie Dialoge!　**d)** Bitte lesen Sie!　**e)** Bitte hören Sie noch einmal!　**f)** Bitte ergänzen Sie!　**g)** Bitte schreiben Sie Dialoge!

15. ○ *Lehmann.*
    □ Hallo? Wer ist da, bitte?
    ○ Lehmann.
    □ Lehmann? Ist da nicht 77 65 43?
    ○ Nein, meine Nummer ist 77 35 43.
    □ Oh, Entschuldigung.
    ○ Bitte, bitte. Macht nichts.

16. **a)** *Das ist Klaus-Maria Brandauer. Er wohnt in* Wien.
    b) Das ist Christa Wolf. Sie wohnt in Berlin.
    c) Das sind Hannelore und Helmut Kohl. Sie wohnen in Oggersheim.
    d) Das ist Kurt Masur. Er wohnt in Leipzig.
    e) Das ist Katharina Witt. Sie wohnt in Chemnitz.
    f) Das ist Friedensreich Hundertwasser. Er wohnt in Wien.

17. **a)** ○ *Guten Tag. Mein Name ist Varga.*
    □ *Und ich heiße Tendera.*
    ○ *Woher sind Sie?*
    □ *Ich bin aus Italien. Und Sie?*
    ○ *Ich bin aus Ungarn.*
    b) ○ Guten Tag. Mein Name ist Farahani.
    □ Und ich heiße Biro.
    ○ Woher kommen Sie?
    □ Ich komme aus Frankreich. Und Sie?
    ○ Ich komme aus dem Iran. / ... aus Iran.
    c) ○ Guten Tag. Ich bin die Sabine. / Ich heiße Sabine. / Mein Name ist Sabine.
    □ Und ich heiße Juan. / Und ich bin der Juan.
    ○ Woher bist du?
    □ Ich bin aus Brasilien. Und du?
    ○ Ich bin aus Österreich.

Schlüssel

18. a) kommen / sein **b)** sein **c)** leben / studieren / wohnen / arbeiten / sein **d)** studieren **e)** spielen **f)** lernen / sprechen **g)** lernen **h)** heißen

19. a) ist · t · ist · t · t · ist · ist · t **b)** ist · sind · en · sind (kommen) · en **c)** ist · ist · Ist · t · et · t · ist · t **d)** sind · e · en · te · ist · bin

20.

	sie (Sabine)	er (Imre)	sie (Juao und Luiza)	Sie
sein	*ist*	ist	*sind*	sind
heißen	heißt	heißt	heißen	heißen
kommen	kommt	kommt	kommen	kommen
wohnen	wohnt	wohnt	wohnen	wohnen

21. b) Beruf **c)** Mädchen **d)** studieren **e)** Land **f)** Herr Röder **g)** schreiben **h)** aus **i)** Hobby **j)** Kind **k)** lesen

22. a) B **b)** B **c)** C **d)** A **e)** C **f)** A **g)** C **h)** A

23. a)

	Frau Wiechert	Herr Matter	Herr Baumer	Und Sie?
Vorname/Alter	*Angelika*	Gottfried	Klaus-Otto	…
Wohnort	Hamburg	Brienz	Vaduz	…
Beruf	Ingenieurin	Landwirt	Automechaniker	…
Familienstand	verheiratet	verheiratet	verwitwet	…
Kinder	zwei	vier	keine (?)	…
Hobbys	Lesen, Surfen	keine (?)	Reisen	…

b) *Das ist Angelika Wiechert. Sie ist* 34 Jahre alt und wohnt in Hamburg. *Frau Wiechert* ist Ingenieurin. *Sie ist* verheiratet *und hat* zwei Kinder. *Ihre Hobbys sind* Lesen und Surfen.
Das ist Gottfried Matter. Er ist 44 Jahre alt und wohnt in Brienz. Herr Matter ist Landwirt. Er ist verheiratet und hat vier Kinder.
Das ist Klaus-Otto Baumer. Er ist 53 Jahre alt und wohnt in Vaduz. Er ist Automechaniker und verwitwet. Sein Hobby ist Reisen.
Ich heiße … (individuelle Lösung)

24. a) *Ich heiße Klaus-Otto Baumer und* bin Automechaniker. Ich wohne in Vaduz. Ich habe dort eine Autofirma. Ich bin 53 Jahre alt und verwitwet. Ich bin oft in Österreich und in der Schweiz. Dort kaufe und verkaufe ich Autos. Mein Hobby ist Reisen.
b) *Ich heiße Ewald Hoppe und* komme aus Polen. Ich wohne in Rostock. Ich bin 60 Jahre alt. Ich bin Elektrotechniker. Ich bin verheiratet, meine Frau heißt Irena. Ich habe zwei Kinder. Sie sind 24 und 20 Jahre alt.

25. a) schon · erst **b)** erst · schon **c)** erst · schon **d)** schon · schon **e)** schon · erst **f)** erst · schon **g)** schon · erst

26. a) *Wie bitte? Wer ist das?* **b)** *Wie bitte? Wie ist* ihr Vorname? **c)** *Wie bitte? Woher* kommt sie? **d)** *Wie bitte?* Wo wohnt sie? **e)** *Wie bitte? Was* studiert sie? **f)** Wie bitte? Was ist ihr Hobby?

27. a) Ist *(Herr Roberts) (Automechaniker)*? **b)** Heißt sie Heinemann? / Ist ihr Name Heinemann? **c)** Kommt *(Herr Roberts)* aus *(England)*? **d)** Ist er neu hier? **e)** Sind Sie Frau Röder? / Heißen Sie Röder? **f)** Ist hier noch frei? **g)** Reist *(Herr Baumer)* gern? **h)** Studiert *(Monika) (Chemie)*? **i)** Ist *(Herr Hoppe)* verheiratet? **j)** Woher kommt *(John Roberts)*? **k)** Was studiert *(Monika)*? **l)** Surfst du gern? / Surfen Sie gern? **m)** Ist *(Margot Schulz) (Sekretärin)*? **n)** Ist hier frei? / Ist hier noch frei? **o)** Wie ist Ihr Vorname? **p)** Wo wohnt Abdollah? **q)** Heißt er *(Juan)*? **r)** Wer ist das?

28. ○ *Guten Morgen, ist hier noch frei?*
   □ *Ja*, bitte schön. – Sind Sie neu hier?
   ○ Ja, ich arbeite erst drei Tage hier.
   □ Sind Sie aus England?

   ○ Nein, aus Neuseeland.
   □ Und was machen Sie hier?
   ○ Ich bin Programmierer. Ich heiße John Roberts.
   (auch andere Lösungen sind möglich!)

29. a) noch **b)** noch **c)** schon **d)** noch · schon **e)** noch · schon **f)** schon · noch **g)** noch · schon **h)** noch

30. a) st · est · est · bist (kommst) · e · st · bin (komme) · st · est · e
   b) t · et · et · seid (kommt) · en · Seid · sind · t · et · en

31.

	ich	du	wir	ihr
studieren	*studiere*	studierst	studieren	studiert
arbeiten	arbeite	arbeitest	*arbeiten*	arbeitet
sein	bin	bist	sind	seid
heißen	heiße	heißt	heißen	heißt

32. a) Danke **b)** Bitte **c)** bitte · Danke **d)** Bitte · Danke · Bitte **e)** bitte **f)** bitte · Danke

33. a) C **b)** C **c)** A **d)** B **e)** B **f)** A **g)** C **h)** B **i)** A **j)** C **k)** B

34. ○ *Hallo! Habt ihr Feuer?*
   □ *Ja* hier, bitte!
   ○ Danke! Wartet ihr schon lange?
   □ Ja.
   ○ Woher seid ihr?
   □ Wir sind aus Berlin. Und woher kommst du?

   □ Ich? Aus Stade.
   ○ Wo ist das denn?
   □ Bei Hamburg. Wohin möchtet ihr?
   ○ Nach Frankfurt. Und du?
   □ Nach Wien.

Lektion 2

1. a) *Elektroherd*, Stuhl, Topf, Mine, Kamera, Wasserhahn, Glühbirne
   b) Kugelschreiber, Lampe, Waschbecken, Stecker, Batterie, Zahl
   c) Steckdose, Taschenlampe, Tisch, Foto, Taschenrechner

2. a) der **b)** die **c)** der **d)** die **e)** der **f)** der **g)** der **h)** das **i)** die **j)** die **k)** die **l)** die **m)** der **n)** der **o)** das **p)** der

3. a) *der* Küchenschrank **b)** die Spüle **c)** das Küchenregal **d)** der Küchenstuhl/der Stuhl **e)** die Küchenlampe/die Lampe **f)** der Stecker **g)** der Elektroherd **h)** das Waschbecken **i)** die Steckdose **j)** die Mikrowelle **k)** der Wasserhahn **l)** der Küchentisch/der Tisch **m)** die Glühbirne **n)** der Geschirrspüler

4. a) sie **b)** Er **c)** Er **d)** Sie **e)** Sie **f)** Es **g)** Sie **h)** Sie **i)** Er

5. a) ein **b)** Das **c)** eine **d)** Die **e)** Der · ein · ein **f)** Der · der **g)** Die · – · die · eine **h)** Die · die

6. a) *Das ist ein Küchenschrank. Der Schrank hat acht Schubladen. Er kostet DM 998,–.*
   b) *Das ist* eine Spüle. Die Spüle hat zwei Becken. Sie kostet DM 299,–.
   c) Das ist ein Kochfeld. Das Kochfeld ist aus Glaskeramik. Es kostet DM 689,–.
   d) Das sind Küchenstühle. Die Stühle sind sehr bequem. Sie kosten DM 285,–.
   e) Das ist ein Elektroherd. Der Herd ist sehr modern. Er kostet DM 1187,–.
   f) Das ist eine Mikrowelle. Die Mikrowelle hat 1000 Watt. Sie kostet DM 868,–.
   g) Das ist ein Geschirrspüler. Der Geschirrspüler hat fünf Programme. Er kostet DM 1349,–.
   h) Das ist eine Küchenlampe. Die Lampe hat eine 75-Watt-Glühbirne. Sie kostet DM 157,–.
   i) Das ist ein Küchenregal. Das Regal ist sehr praktisch. Es kostet DM 188,–.

7. a) Spüle **b)** Bild **c)** Abfalleimer **d)** Regal **e)** Uhr

8. 1 *Ein Elektroherd* 2 *Eine* Lampe 3 Ein Tisch 4 Ein Waschbecken 5 Batterien 6 Ein Wasserhahn 7 Ein Foto 8 Eine Taschenlampe 9 Ein Topf 10 Eine Mine 11 Ein Kugelschreiber 12 Ein Taschenrechner 13 Eine Uhr 14 Ein Stuhl 15 Ein Fernsehapparat 16 Zahlen 17 Eine Steckdose 18 Ein Stecker 19 Ein Radio 20 Eine Kamera 21 Ein Telefon 22 Ein Bild 23 Ein Abfalleimer 24 Ein Kühlschrank 25 Eine Glühbirne

9. a) *Wer ist das?* b) Was ist das? c) Was ist das? d) Wer ist das? e) Was f) Wer g) Wer h) Was

10. a) *Da ist kein* Elektroherd. b) Da ist kein Tisch. c) Da ist keine Lampe. d) Da ist kein Regal. e) Da sind keine Stühle. f) Da ist keine Waschmaschine.

11. a) Elektroherd, Fernsehapparat, Abfalleimer, Kühlschrank, Kugelschreiber, Stecker, Stuhl, Taschenrechner, Geschirrspüler, Schrank, Tisch
  b) Taschenlampe, Mine, Lampe, Glühbirne, Uhr, Steckdose, Spüle, Mikrowelle
  c) Foto, Bild, Radio, Regal

12. -e *das Telefon, die Telefone;* der Elektroherd, die Elektroherde; der Tisch, die Tische; der Beruf, die Berufe; das Regal, die Regale; der Fernsehapparat, die Fernsehapparate
   ¨e *der Stuhl, die Stühle;* der Wasserhahn, die Wasserhähne; der Topf, die Töpfe; der Arzt, die Ärzte
   -n *die Lampe, die Lampen;* die Spüle, die Spülen; der Name, die Namen; die Glühbirne, die Glühbirnen; die Spülmaschine, die Spülmaschinen; die Batterie, die Batterien; die Mikrowelle, die Mikrowellen; die Mine, die Minen
   -en *die Uhr, die Uhren;* die Zahl, die Zahlen; die Frau, die Frauen
   - *der Stecker, die Stecker;* der Kugelschreiber, die Kugelschreiber; der Abfalleimer, die Abfalleimer; das Waschbecken, die Waschbecken; der Ausländer, die Ausländer; das Mädchen, die Mädchen; der Taschenrechner, die Taschenrechner
   ¨ *die Mutter, die Mütter*
   -er *das Bild, die Bilder;* das Kochfeld, die Kochfelder; das Kind, die Kinder
   ¨er *der Mann, die Männer;* das Land, die Länder
   -s *das Foto, die Fotos;* die Kamera, die Kameras; das Radio, die Radios; das Hobby, die Hobbys; das Auto, die Autos

13. a) *264* b) 192 c) 581 d) 712 e) 655 f) 963 g) 128 h) 313 i) 731 j) 547 k) 886 l) 675 m) 238 n) 493 o) 922 p) 109 q) 816 r) 201

14. a) achthundertzwei b) einhundertneun c) zweihundertvierunddreißig d) dreihundertsechsundfünfzig e) siebenhundertachtundachtzig f) dreihundertdreiundsiebzig g) neunhundertzwölf h) vierhunderteins i) sechshundertzweiundneunzig j) fünfhundertdreiundvierzig k) vierhundertachtundzwanzig l) siebenhundertneunundsiebzig m) zweihundertvierundachtzig n) neunhundertsiebenundneunzig o) zweihundertachtunddreißig p) fünfhundertdreizehn q) neunhundertvierundfünfzig r) siebenhundertsechsundachtzig

15. a) Ihre b) dein c) Ihre d) Ihre e) deine f) deine

16. a) Benzin b) Foto c) frei d) waschen e) hören und sprechen f) spülen g) bequem

17. a) sie b) es c) sie d) er e) sie f) sie g) sie h) es

18. a) fährt gut b) ist ehrlich c) spült nicht d) antwortet nicht e) ist kaputt f) wäscht nicht g) ist leer h) ist praktisch i) wäscht gut j) ist ledig k) ist klein l) ist ehrlich

19. b) *Nein, das* sind ihre Fotos. c) Nein, das ist sein Kugelschreiber. d) Nein, das ist ihr Radio. e) Nein, das ist ihre Lampe. f) Nein, das ist ihr Fernsehapparat. g) Nein, das sind seine Batterien. h) Nein, das ist ihre Kamera i) Nein, das ist ihr Auto. j) Nein, das ist seine Taschenlampe. k) Nein, das ist ihr Taschenrechner.

Lektion 3

1. ESSEN: REIS, GEMÜSE, KÄSE, FLEISCH, HÄHNCHEN
TRINKEN: SAFT, BIER, MILCH, SCHNAPS, KAFFEE, WASSER, WEIN
SONSTIGES: FLASCHE, DOSE, ABEND, TASSE, TELLER, MITTAG, GABEL, LÖFFEL, MESSER

2. a) ...*Der Sohn* isst ein Hähnchen mit Pommes frites und trinkt eine Limonade.
  b) *Der Vater isst* eine Bratwurst mit Brötchen und trinkt ein Bier. Die Tochter isst einen Hamburger und trinkt eine Cola.
  c) Sie trinkt ein Glas Wein. Er trinkt auch ein Glas Wein.
  d) Die Frau isst ein Stück Kuchen / einen Kuchen und trinkt ein Glas Tee / einen Tee.

3. a) *Er isst gern* Hamburger, Pizza, Pommes frites und Eis, *und er trinkt gern* Cola. *Aber er mag keinen Salat,* keinen Käse, kein Bier, keinen Wein und keinen Schnaps.
  b) Sie isst gern Obst, Fisch und Marmeladebrot, und sie trinkt gern Wein. Aber sie mag kein Eis, keinen Kuchen, keine Wurst, keine Pommes frites und kein Bier.
  c) Er isst gern Fleisch, Wurst und Kartoffeln, und er trinkt gern Bier und Wein. Aber er mag keinen Fisch, keinen Reis und kein Wasser.

4. a) A, B, D   **b)** B, C, D   **c)** A, B, C   **d)** B, C, D   **e)** B, C, D   **f)** A, C, D

5. a) immer   **b)** meistens   **c)** oft   **d)** manchmal   **e)** *selten*   **f)** *nie*

6. a) *Herr Meinen möchte eine Gemüsesuppe,* einen Kartoffelsalat und ein Bier.
  b) Frau Meinen möchte einen Kuchen / ein Stück Kuchen und einen Kaffee.
  c) Michael möchte einen Hamburger, eine Cola und ein Eis.
  d) Sonja möchte Pommes frites und einen Orangensaft.

7. a) Suppe   **b)** Gemüse   **c)** Kaffee   **d)** Tasse   **e)** Gabel   **f)** Bier   **g)** Hauptgericht   **h)** Eis   **i)** immer
  j) mittags

8. *Fleisch, kalt:* Wurst, Kalter Braten; *warm:* Bratwurst, Schweinebraten, Rindersteak, Hähnchen, Rindfleischsuppe
  kein Fleisch, kalt: Eis, Salatteller, Apfelkuchen, Obst, Fischplatte, Schwarzbrot, Weißbrot, Früchtebecher;
  warm: Fischplatte, Gemüsesuppe, Zwiebelsuppe

9. a) Glas   **b)** essen   **c)** Kalb / Schwein   **d)** trinken   **e)** Ketchup   **f)** Fleisch   **g)** dein   **h)** abends   **i)** Gasthof / Restaurant   **j)** Hauptgericht

10. b) das Hauptgericht   **c)** das Schwarzbrot   **d)** die Bratwurst   **e)** der Apfelkuchen   **f)** der Schweinebraten
  g) das Rindersteak   **h)** der Nachtisch   **i)** der Rotwein   **j)** der Kartoffelsalat   **k)** die Zwiebelsuppe

11. Kellner: e), g), j), m)   **Gast:** *a)*, b), c), f), l)   **Text:** d), h), i), k)

12. a)
  ○ *Was bekommen Sie?*
  □ Ein Rindersteak, bitte.
  ○ Mit Reis oder Kartoffeln?
  □ Mit Kartoffeln.
  ○ Und was bekommen Sie?
  △ Gibt es eine Gemüsesuppe?
  ○ Ja, die ist sehr gut.
  △ Dann bitte eine Gemüsesuppe und ein Glas Wein.
  ○ Und was möchten Sie trinken?
  △ Eine Flasche Mineralwasser.

b)
  □ *Bezahlen bitte!*
  ○ Zusammen?
  □ Nein, getrennt.
  ○ Was bezahlen Sie?
  □ Das Rindersteak und das Mineralwasser.
  ○ Das macht 27 Mark 60. – Und Sie bezahlen den Wein und die Gemüsesuppe?
  △ Ja, richtig.
  ○ 10 Mark 90, bitte.

13. b) ...den Obstsalat? · ...das Eis mit Sahne.   **c)** ...den Wein? · ...das Bier.   **d)** ...das Eis? · ...den Kuchen.   **e)** ...die Suppe? · ...das Käsebrot.   **f)** ...den Fisch? · ...das Kotelett.   **g)** ...den Kaffee? · ...den Tee.   **h)** ...die Kartoffeln? · ...den Reis.   **i)** den Hamburger? · ...die Fischplatte.

14. b) ein · nicht · keinen   **c)** keinen   **d)** kein   **e)** ein · nicht   **f)** einen · keine   **g)** einen · keinen · ein   **h)** nicht

15. a) B, C   **b)** A, B   **c)** B   **d)** C   **e)** C   **f)** B, C   **g)** A, C   **h)** A, B

Schlüssel

16.

	antworten	fahren	essen	nehmen	mögen
ich	antworte	*fahre*	esse	nehme	mag
du	antwortest	fährst	*isst*	nimmst	magst
Sie	antworten	fahren	essen	*nehmen*	mögen
er / sie / es	antwortet	fährt	isst	nimmt	*mag*
wir	antworten	fahren	essen	*nehmen*	mögen
ihr	antwortet	fahrt	*esst*	nehmt	mögt
Sie	antworten	*fahren*	essen	nehmen	mögen
sie	*antworten*	fahren	essen	nehmen	mögen

17. a) *nimmst*   **b)** nehme / esse   **c)** ist   **d)** schmeckt / ist   **e)** nimmst / isst   **f)** nehme / esse   **g)** magst / isst
h) Nimm / Iss   **i)** ist   **j)** esse   **k)** trinkst   **l)** nehme / trinke   **m)** nehme / trinke

18. A 3   B 9 (10)   C 11   D 1   E 4   F 2   G 5   H 7   I 10   J 6   K 8

19. a)
○ *Guten Appetit!*
□ *Danke.*
○ *Wie schmeckt's?*
□ *Danke, sehr gut. Wie heißt das?*
○ *Pichelsteiner Eintopf. Das ist Schweinefleisch mit Kartoffeln und Gemüse.*
□ *Der Eintopf schmeckt wirklich gut.*
○ *Möchten Sie noch mehr?*
□ *Ja, noch etwas Fleisch und Gemüse, bitte!*

b)
○ *Guten Appetit.*
□ *Danke. Ihnen auch.*
○ *Schmeckt's?*
□ *Ja, fantastisch. Wie heißt das?*
○ *Strammer Max. Brot mit Schinken und Ei.*
□ *Das schmeckt wirklich gut.*
○ *Nehmen Sie doch noch einen.*
□ *Danke. Ein Strammer Max ist genug.*

20. a) *Er · er*   **b)** Er   **c)** Sie   **d)** Es · es   **e)** Sie · sie   **f)** Es · es   **g)** Sie   **h)** Er

21. a) C   **b)** B   **c)** C   **d)** A   **e)** B   **f)** A

22. A: a, f, g, h   B: a, b, f, m   C: f, o   D: e, o, p   E: c, e, i, j, k, n, o, p   F: e, i, j, k, n, o, p   G: a, f, g, h   H: d, j, l

23. a) *achtundneunzig*   **b)** 36   **c)** dreiundzwanzig   **d)** hundertneunundvierzig   **e)** siebenhundertsiebenundsiebzig   **f)** neunhunderteinundfünfzig   **g)** 382   **h)** fünfhundertfünfundsechzig   **i)** zweihundertfünfzig
j) fünfhundert

24.

	Vorfeld	Verb₁	Subj.	Angabe	Ergänzung	Verb₂
a)	*Ich*	*trinke*		*abends meistens*	*eine Tasse Tee.*	
b)	Abends	trinke	ich	meistens	Tee.	
c)	Tee	trinke	ich	nur abends.		
d)	Maja und Gottfried	möchten			Landwirte	werden.
e)	Markus	möchte	für Inge	ein Essen	kochen.
f)	Was	möchten	Sie?			
g)	Das Brot	ist			alt und hart.	
h)	Ich	bin		jetzt	satt.	

25. *waagerecht:* MARMELADE, KAFFEE, BOHNEN, SAFT, GABEL, WASSER, EI, HÄHNCHEN, SUPPE, KOTELETT, PILS, NACHT, NACHTISCH, EXPORT, EIS, MEHL, WURST, RINDFLEISCH, ZUCKER, ALTBIER, WEISSBIER

senkrecht: BROT, BUTTER, MILCH, *REIS, MESSER,* BIER, LÖFFEL, GEMÜSE, FISCH, APFEL, KUCHEN, KÄSE, NUDELN, WEIN, OBST, DOSE, KÖLSCH

Lektion 4

1. **a)** Bäcker **b)** Bibliothek **c)** Café **d)** Schwimmbad **e)** Kino **f)** Frisör **g)** Bank **h)** Bar **i)** Geschäft

2. **a)** *Musik hören* **b)** tanzen **c)** fernsehen **d)** schlafen **e)** aufstehen **f)** Fleisch schneiden **g)** ein Bier trinken / Bier trinken **h)** Geld wechseln **i)** ein Foto machen / Fotos machen **j)** frühstücken **k)** einen Spaziergang machen **l)** schwimmen

3. **a)** Hier darf Eva nicht rauchen. **b)** Hier darf Eva rauchen. **c)** Eva möchte nicht rauchen. **d)** Hier darf Eva kein Eis essen. **e)** Eva kann hier ein Eis essen. **f)** Eva muss hier warten. **g)** Eva darf hier nicht fotografieren. **h)** Eva möchte fotografieren. **i)** Eva muss aufstehen.

4. **a)** schlafen **b)** Arbeit **c)** Maschine **d)** zeichnen **e)** essen **f)** stören **g)** Musik

5. **a)** schläft **b)** liest **c)** Siehst **d)** Siehst · fern **e)** spricht **f)** Sprichst **g)** fährt/fahren **h)** Schläfst **i)** fährt **j)** Isst · nimmst

6.

	lesen	essen	schlafen	sprechen	sehen
ich	*lese*	esse	schlafe	spreche	sehe
du	liest	isst	schläfst	sprichst	siehst
er, sie, es, man	liest	isst	schläft	spricht	sieht
wir	lesen	essen	schlafen	sprechen	sehen
ihr	lest	esst	schlaft	sprecht	seht
sie, Sie	lesen	essen	schlafen	sprechen	sehen

7. **a)** *stehe · auf* **b)** *Hören · –* **c)** sehe fern **d)** kaufe · – **e)** Machst · auf **f)** Machst · – **g)** Kaufst · ein **h)** Hören · auf **i)** hören · zu **j)** Siehst · – **k)** gibt · aus **l)** Stehen · auf

8. **a)** darf · musst **b)** möchten **c)** dürfen / können · müsst · könnt / dürft **d)** möchte · Darf · kannst **e)** darf · musst

9. **A.**

	möchten	können	dürfen	müssen
ich	möchte	kann	darf	muss
du	möchtest	kannst	darfst	musst
er, sie, es, man	möchte	kann	darf	muss
wir	möchten	können	dürfen	müssen
ihr	möchtet	könnt	dürft	müsst
sie, Sie	möchten	können	dürfen	müssen

B.

	Vorfeld	Verb₁	Subj.	Angabe	Ergänzung	Verb₂
a)	*Nils*	*macht*			die Flasche	auf.
b)	Nils	möchte			die Flasche	aufmachen.
c)		Macht	Nils		die Flasche	auf?
d)		Möchte	Nils		die Flasche	aufmachen?
e)	Wer	macht			die Flasche	auf?
f)	Wer	möchte			die Flasche	aufmachen?

10. **A** 5 **B** 2 **C** 4 **D** 6 **E** 1 **F** 3 **G** 7

Schlüssel

11. *einen Verband*, Musik, einen Spaziergang, einen Film, Betten, einen Kaffee, das Abendessen, einen Fehler, eine Reise, ein Kotelett, die Arbeit, einen Schrank, Käse, eine Torte, Pause, Kartoffelsalat, das Frühstück

12. b) ○ Jochen steht um sieben Uhr auf. Möchtest du auch um sieben Uhr aufstehen? □ Nein, ich stehe lieber erst um halb acht auf.
  c) ○ Klaus und Bernd spielen Tennis. Möchtest du auch Tennis spielen? □ Nein, ich spiele lieber Fußball.
  d) ○ Renate macht einen Spaziergang. Möchtest du auch einen Spaziergang machen? □ Nein, ich sehe lieber fern.
  e) ○ Wir hören Radio. Möchtest du auch Radio hören? □ Nein, ich mache lieber einen Spaziergang.
  f) ○ Müllers nehmen ein Sonnenbad. Möchtest du auch ein Sonnenbad nehmen? □ Nein, ich räume lieber die Küche auf.
  g) ○ Maria sieht fern. Möchtest du auch fernsehen? □ Nein, ich spiele lieber Klavier.

13. a) noch · schon · erst **b)** schon · noch **c)** erst **d)** noch · schon

14. a) Achtung **b)** Mannschaft **c)** Pause **d)** Frauen **e)** Film **f)** anfangen **g)** geöffnet

15. *Wann?:* um 20.00 Uhr, abends, heute, morgens, morgen, mittags, zwischen 5.00 und 6.00 Uhr, am Mittwoch, morgen um halb acht
  Wie lange?: bis 1.00 Uhr, vier Tage, zwei Monate, zwei Jahre, bis Mittwoch, von 9.00 bis 17.00 Uhr, bis 3.00 Uhr

16. b) *Der D 355 fährt um* acht Uhr einunddreißig in Frankfurt ab und ist um sechzehn Uhr achtundfünfzig in Dresden. **c)** *Der D 331 fährt um* acht Uhr neun in Hamburg ab und ist um zwölf Uhr zwei in Berlin. **d)** Der IC 785 fährt um elf Uhr siebenundzwanzig in Hamburg ab und ist um sechzehn Uhr einundvierzig in Berlin. **e)** Der IC 591 fährt um zehn Uhr zwölf in Stuttgart ab und ist um zwölf Uhr zwanzig in München. **f)** Der D 285 fährt um zehn Uhr sechsundzwanzig in Stuttgart ab und ist um dreizehn Uhr eins in München. **g)** Der D 1033 fährt um neun Uhr vierzig in Lübeck ab und ist um elf Uhr fünfunddreißig in Rostock. **h)** Der D 1037 fährt um siebzehn Uhr vier in Lübeck ab und ist um einundzwanzig Uhr achtundvierzig in Rostock. **i)** Der E 3385 fährt um neunzehn Uhr fünf in Münster ab und ist um einundzwanzig Uhr sieben in Bremen. **j)** Der IC 112 fährt um einundzwanzig Uhr siebenundfünfzig in Münster ab und ist um dreiundzwanzig Uhr zwölf in Bremen. **k)** Der E 4270 fährt um siebzehn Uhr zweiundvierzig in Kiel ab und ist um achtzehn Uhr zweiundfünfzig in Flensburg. **l)** Der E 4276 fährt um einundzwanzig Uhr vier in Kiel ab und ist um zweiundzwanzig Uhr neunzehn in Flensburg.

17. a) Komm, wir müssen gehen! Die Gymnastik fängt um Viertel vor acht an. · Wir haben noch Zeit. Es ist erst Viertel nach vier.
  b) . . . Der Vortrag fängt um halb neun an. · . . . erst fünf nach sieben.
  c) . . . Der Fotokurs fängt um elf Uhr an. · . . . erst fünf vor halb elf.
  d) . . . Das Tennisspiel fängt um Viertel nach vier an. · . . . erst fünf nach halb vier.
  e) . . . Die Tanzveranstaltung fängt um halb zehn an. · . . . erst Viertel vor neun.
  f) . . . Die Diskothek fängt um elf Uhr an. · . . . erst zwanzig nach zehn.

18. *ja:* In Ordnung!, Gern!, Na klar!, Na gut!, Die Idee ist gut!, Gut!
  nicht ja und nicht nein: Vielleicht!, Ich weiß noch nicht!, Kann sein!
  nein: Ich habe keine Lust!, Tut mir leid, das geht nicht!, Leider nicht!, Ich kann nicht!, Ich habe keine Zeit!, Ich mag nicht!

19. a) Wann? **b)** Wie viele (Tassen)? **c)** Wie oft? **d)** Wie viel? **e)** Wie lange? **f)** Wie spät? **g)** Wie lange? **h)** Wann? **i)** Wie lange? / Wann? **j)** Wie oft? **k)** Wie viele?

20. ○ *Sag mal*, Hans, hast du heute Nachmittag Zeit?
  □ Warum fragst du?
  ○ Ich möchte gern schwimmen gehen. Kommst du mit?
  □ Tut mir leid, ich muss heute arbeiten.
  ○ Schade. Und morgen Nachmittag?
  □ Ja, gern. Da kann ich.

21. a) Morgen Abend **b)** morgens **c)** Morgen Nachmittag **d)** nachmittags, abends **e)** abends **f)** Morgen früh **g)** Mittags **h)** Morgen Mittag

22. „da" = **Ort:** Sätze a), c), d); „da" = **Zeitpunkt:** Sätze b), e), f)

23. **a)** muss **b)** kann · muss **c)** kann · kann **d)** muss **e)** muss · kann **f)** kann · muss **g)** kann

24. **a)** Sonntag **b)** Situation **c)** hören **d)** abfahren **e)** heute **f)** groß **g)** wo?

25. **kann (1):** b, d **kann (2):** a, c, f **darf:** e

26. **A. b)** *Um halb zwölf spielt sie* Tischtennis. – *Ich gehe* morgens spazieren. **c)** Um halb eins schwimmt sie. – Man kann hier nicht schwimmen. **d)** Um 13 Uhr isst sie (sehr viel). – Ich esse hier sehr wenig, denn das Essen schmeckt nicht gut. **e)** Um 14 Uhr trifft sie Männer (und flirtet). – Man trifft keine Leute. **f)** Um 17 Uhr ist sie im Kino / ... sieht sie einen Film. – Es gibt auch kein Kino. **g)** Um 23 Uhr tanzt sie. – Abends sehe ich meistens fern. **h)** Um ein Uhr (nachts) trinkt sie Sekt. – Ich gehe schon um neun Uhr schlafen.

   B. Individuelle Lösung.

Lektion 5

1. **b)** wohnen + das Zimmer **c)** schreiben + der Tisch **d)** waschen + die Maschine **e)** fernsehen + der Apparat **f)** das Waschbecken **g)** die Bratwurst **h)** die Steckdose **i)** der Kleiderschrank **j)** der Fußball **k)** die Hausfrau **l)** die Taschenlampe **m)** der Taschenrechner

2. **b)** Das Waschmittel ist nicht für die Waschmaschine, sondern für den Geschirrspüler. **c)** Der Spiegel ist nicht für das Bad, sondern für die Garderobe. **d)** Das Radio ist nicht für das Wohnzimmer, sondern für die Küche. **e)** Die Stühle sind nicht für die Küche, sondern für den Balkon. **f)** Der Topf ist nicht für die Mikrowelle, sondern für den Elektroherd. **g)** Die Batterien sind nicht für die Taschenlampe, sondern für das Radio.

3. **a)** Teppich **b)** Spiegel **c)** Fenster **d)** Lampe **e)** zufrieden **f)** fernsehen

4. **a)** ○ *Gibt es hier eine Post?*
       □ *Nein, hier* gibt es keine.
       ○ *Wo* gibt es denn eine?
       □ *Das weiß* ich nicht.
   b) ○ *Gibt* es hier eine Bibliothek?
       □ *Nein,* hier gibt es keine.
       ○ *Wo* gibt es denn eine?
       □ *Das weiß* ich nicht.
   c) ○ Gibt es hier ein Café?
       □ Nein, hier gibt es keins.
       ○ Wo gibt es denn eins?
       □ Das weiß ich nicht.
   d) ○ Gibt es hier ein Telefon?
       □ Nein, hier gibt es keins.
       ○ Wo gibt es denn eins?
       □ Das weiß ich nicht.
   e) ○ Gibt es hier einen Automechaniker?
       □ Nein, hier gibt es keinen.
       ○ Wo gibt es denn einen?
       □ Das weiß ich nicht.
   f) ○ Gibt es hier eine Bäckerei?
       □ Nein, hier gibt es keine.
       ○ Wo gibt es denn eine?
       □ Das weiß ich nicht.
   g) ○ Gibt es hier einen Gasthof?
       □ Nein, hier gibt es keinen.
       ○ Wo gibt es denn einen?
       □ Das weiß ich nicht.
   h) ○ Gibt es hier einen Supermarkt?
       □ Nein, hier gibt es keinen.
       ○ Wo gibt es denn einen?
       □ Das weiß ich nicht.

5. **a)** ○ *Ich brauche noch Äpfel. Haben* wir noch welche? □ *Nein,* es sind keine mehr da.
   b) ○ *Ich möchte noch Soße. Haben* wir noch welche? □ *Nein,* es ist keine mehr da.
   c) ○ Ich brauche noch Zitronen. Haben wir noch welche? □ Nein, es sind keine mehr da.
   d) ○ Ich möchte noch Eis. Haben wir noch welches? □ Nein, es ist keins mehr da.
   e) ○ Ich möchte noch Saft. Haben wir noch welchen? □ Nein, es ist keiner mehr da.
   f) ○ Ich brauche (möchte) noch Tomaten. Haben wir noch welche? □ Nein, es sind keine mehr da.
   g) ○ Ich möchte (brauche) noch Kartoffeln. Haben wir noch welche? □ Nein, es sind keine mehr da.
   h) ○ Ich möchte noch Gemüse. Haben wir noch welches? □ Nein, es ist keins mehr da.
   i) ○ Ich möchte noch Fleisch. Haben wir noch welches? □ Nein, es ist keins mehr da.
   j) ○ Ich möchte noch Tee. Haben wir noch welchen? □ Nein, es ist keiner mehr da.
   k) ○ Ich möchte noch Marmelade. Haben wir noch welche? □ Nein, es ist keine mehr da.
   l) ○ Ich möchte noch Früchte. Haben wir noch welche? □ Nein, es sind keine mehr da.
   m) ○ Ich brauche noch Gewürze. Haben wir noch welche? □ Nein, es sind keine mehr da.

Schlüssel

n) ○ Ich brauche noch Öl. Haben wir noch welches? □ Nein, es ist keins mehr da.

o) ○ Ich möchte noch Salat. Haben wir noch welchen? □ Nein, es ist keiner mehr da.

p) ○ Ich möchte noch Suppe. Haben wir noch welche? □ Nein, es ist keine mehr da.

q) ○ Ich möchte noch Obst. Haben wir noch welches? □ Nein, es ist keins mehr da.

6. a) Eine · eine **b)** Eine · keine **c)** – · keine **d)** – · welches **e)** – · keinen **f)** – · welchen **g)** – · welche
h) Ein · keins

7.

ein Herd:	*einer*	einen		ein Bett:	*eins*	eins
kein Herd:	*keiner*	keinen		kein Bett:	keins	keins
Wein:	*welcher*	welchen		Öl:	welches	*welches*
eine Lampe:	eine	eine		Eier:	welche	welche
keine Lampe:	keine	*keine*		keine Eier:	keine	keine
Butter:	welche	welche				

8. a) ○ *Sind die Sessel neu?*
    □ *Nein, die sind alt.*
    ○ Und die Stühle?
    □ Die sind neu.
b) ○ Ist das Regal neu?
    □ Nein, das ist alt.
    ○ Und der Schrank?
    □ Der ist neu.
c) ○ Ist die Waschmaschine neu?
    □ Nein, die ist alt.
    ○ Und der Kühlschrank?
    □ Der ist neu.
d) ○ Ist der Schreibtisch neu?
    □ Nein, der ist alt.

○ Und der Stuhl?
    □ Der ist neu.
e) ○ Ist die Garderobe neu?
    □ Nein, die ist alt.
    ○ Und der Spiegel?
    □ Der ist neu.
f) ○ Ist die Kommode neu?
    □ Nein, die ist alt.
    ○ Und die Regale?
    □ Die sind neu.
g) ○ Ist das Bett neu?
    □ Nein, das ist alt.
    ○ Und die Lampen?
    □ Die sind neu.

9. a) *Das* **b)** Den **c)** Das **d)** Die **e)** Die **f)** Das **g)** Die **h)** Die **i)** Das **j)** Den **k)** Den **l)** Das
m) Die

10. a) *Der, die, das, die*
b) den, die, das, die

11. ○ *Du, ich habe jetzt eine Wohnung.*
    □ *Toll! Wie* ist sie denn?
    ○ Sehr schön. Ziemlich groß und nicht zu teuer.
    □ Und wie viele Zimmer hat sie?
    ○ Zwei Zimmer, eine Küche und ein Bad.
    □ Hast du auch schon Möbel?
    ○ Ja, ich habe schon viele Sachen.
    □ Ich habe noch einen Küchentisch. Den
        kannst du haben.
    ○ Fantastisch! Den nehme ich gern.

12.   *(Rottweil), den ... 19 ...*
    Liebe(r) ...,
    ich habe jetzt eine Wohnung in Rottweil. *Sie hat* drei Zimmer, eine Küche und ein Bad. *Sie ist* hell und schön,
    aber klein und ziemlich teuer. *Ich habe* schon einen Herd, *aber ich brauche noch* einen Schrank für die
    Garderobe. Hast du einen? Oder hast du vielleicht eine Lampe? Schreib bitte bald!
    Viele liebe Grüße ...
    (Andere Lösungen sind möglich.)

13. a) *Adresse* **b)** Wohnung (Haus) **c)** Haus **d)** Zeit **e)** Familie

14. a) bauen **b)** kontrollieren **c)** suchen **d)** verdienen **e)** anrufen **f)** werden

15. b) Eigentlich möchte Veronika / Veronika möchte eigentlich einen Freund anrufen, aber ihr Telefon ist kaputt.   **c)** Eigentlich möchte Veronika / Veronika möchte eigentlich ein Haus kaufen, aber sie findet keins.   **d)** Eigentlich möchte Veronika / Veronika möchte eigentlich nicht einkaufen gehen, aber ihr Kühlschrank ist leer.   **e)** Eigentlich möchte Veronika / Veronika möchte eigentlich nicht umziehen, aber ihre Wohnung ist zu klein.

16. a) unter   **b)** etwa (über, unter)   **c)** von · bis   **d)** Unter   **e)** zwischen   **f)** etwa   **g)** Über

17.

	Vorfeld	Verb₁	Subj.	Angabe	Ergänzung	Verb₂
a)	*Sie*	*möchten*		gern		bauen.
b)	Sie	möchten		gern	ein Haus	bauen.
c)	Sie	möchten		gern in Frankfurt	ein Haus	bauen.
d)	In Frankfurt	möchten	sie	gern	ein Haus	bauen.
e)	Eigentlich	möchten	sie	gern in Frankfurt	ein Haus	bauen.
f)	Warum	bauen	sie	nicht in Frankfurt	ein Haus?	

18. a) A, C   **b)** B, C   **c)** A, B   **d)** B   **e)** A, B   **f)** A, C   **g)** A   **h)** A

19. A. *Familie Höpke* wohnt in *Steinheim. Ihre Wohnung* hat *nur drei Zimmer. Das ist zu* wenig, *denn die* Kinder *möchten beide ein* Zimmer. *Die Wohnung ist nicht* schlecht *und auch* nicht (sehr) *teuer. Aber Herr Höpke* arbeitet *in Frankfurt. Er muss morgens und* abends *immer über eine* Stunde *fahren. Herr Höpke* möchte *in Frankfurt wohnen, aber dort* sind *die* Wohnungen *zu teuer. So viel Geld kann er für die Miete nicht* bezahlen. *Aber Höpkes* suchen *weiter.* Vielleicht *haben sie ja Glück.*
B. Individuelle Lösung.

20. 1 *das Dach*   **2** der erste Stock   **3** das Erdgeschoss   **4** der Keller   **5** die Garage   **6** der Garten   **7** die Terrasse   **8** der Balkon   **9** der Hof   **10** die Wand   **11** der Aufzug   **12** die Heizung   **13** das Fenster

21. a) haben   **b)** machen   **c)** machen   **d)** haben   **e)** haben   **f)** haben / machen   **g)** haben / machen   **h)** haben

22. a) *Erlaubnis*   **b)** Dach   **c)** Minuten   **d)** Hochhaus · Appartement   **e)** Hof   **f)** Streit   **g)** Vermieter   **h)** Nachbarn   **i)** Vögel   **j)** Wände   **k)** Platz   **l)** Komfort   **m)** Miete   **n)** Krach · Lärm

23. a) in der · auf der   **b)** in seinem · am   **c)** in der · auf seinem   **d)** in der · in ihrem · auf ihrer   **e)** auf dem · am   **f)** in einem   **g)** auf dem   **h)** am

24. a) C   **b)** C   **c)** A   **d)** A   **e)** B   **f)** B   **g)** C   **h)** B   **i)** B   **j)** A

25. ○ *Sie* können *doch jetzt nicht mehr feiern!*
   □ *Und warum nicht? Ich* muss *morgen nicht arbeiten und* kann *lange schlafen.*
   ○ *Aber es ist 22 Uhr. Wir* möchten *schlafen, wir* müssen *um sechs Uhr aufstehen.*
   □ *Und wann* darf / kann *ich dann feiern? Vielleicht mittags um zwölf? Da hat doch niemand Zeit, da* kann *doch niemand kommen.*
   ○ *Das ist Ihr Problem. Jetzt* müssen *Sie leise sein, sonst holen wir die Polizei.*

26. A 8   **B** 4   **C** 7   **D** 6   **E** 1 (8)   **F** 2   **G** 5   **H** 3

27. a) Natur   **b)** Industrie   **c)** Urlaub   **d)** Hotel

28. b) *Hotel laut, nicht* sauber, kein Komfort. Zimmer hässlich und teuer, Essen nicht so gut. Diskothek und Hallenbad geschlossen. Nur spazieren gehen: nicht schön, ziemlich viele Autos, keine Erholung.
   c) *Liebe Margret,*
   viele Grüße von der Insel Rügen. Ich bin jetzt schon zwei Wochen hier, *und der Urlaub ist fantastisch. Das Hotel* ist ruhig und sauber, und wir haben viel Komfort. Die Zimmer sind schön und nicht sehr teuer, und das Essen schmeckt wirklich herrlich. Das Hallenbad ist immer geöffnet, und die Diskothek jeden Abend.
   Ich kann hier auch spazieren gehen, und das ist sehr schön, denn hier fahren nur wenig Autos, und die stören nicht.
   Am Dienstag bin ich wieder zu Hause.
   Viele Grüße, Hanne
   (Andere Lösungen sind möglich.)

Schlüssel

Lektion 6

1. a) Bein **b)** Zahn **c)** Fuß **d)** Ohr **e)** Bauch **f)** Hand

2. 1: *seine Nase* **2:** sein Bauch **3:** *ihr Arm* **4:** ihr Gesicht **5:** ihr Auge **6:** sein Ohr **7:** sein Kopf **8:** sein Fuß **9:** sein Bein **10:** ihr Bein **11:** sein Hals **12:** ihr Mund **13:** ihre Nase **14:** sein Rücken **15:** sein Auge **16:** ihre Hand

3. a) die, Hände **b)** der, Arme **c)** die, Nasen **d)** der, Finger **e)** das, Gesichter **f)** der, Füße **g)** das, Augen **h)** der, Rücken **i)** das, Beine **j)** das, Ohren **k)** der, Köpfe **l)** der, Zähne

4. a) haben **b)** verstehen **c)** nehmen (brauchen) **d)** beantworten (verstehen) **e)** sein **f)** brauchen

5. b) Herr Kleimeyer ist nervös. Er darf nicht rauchen. Er muss Gymnastik machen. Er muss viel spazieren gehen. **c)** Herr Kleimeyer hat Kopfschmerzen. Er darf nicht viel rauchen. Er muss spazieren gehen. Er darf keinen Alkohol trinken. **d)** Herr Kleimeyer hat Magenschmerzen. Er muss Tee trinken. Er darf keinen Wein trinken. Er darf nicht fett essen. **e)** Herr Kleimeyer ist zu dick. Er muss viel Sport treiben. Er darf keine Schokolade essen. Er muss eine Diät machen. **f)** Herr Kleimeyer kann nicht schlafen. Er muss abends schwimmen gehen. Er darf abends nicht viel essen. Er darf keinen Kaffee trinken. **g)** Herr Kleimeyer hat ein Magengeschwür. Er darf nicht viel arbeiten. Er muss den Arzt fragen. Er muss vorsichtig leben.

6. a) muss · soll / darf · will / muss · möchte · darf
  b) soll · möchte / will · soll · kann · soll · muss
  c) kann · soll · muss
  d) will · will · soll · möchte / will

7. b) müssen · ich soll viel Obst essen. **c)** dürfen · ich soll nicht Fußball spielen. **d)** müssen · ich soll Tabletten nehmen. **e)** dürfen · ich soll keinen Kuchen essen. **f)** dürfen · ich soll nicht so viel rauchen. **g)** müssen · ich soll oft schwimmen gehen. **h)** dürfen · ich soll keinen Wein trinken. **i)** dürfen · ich soll nicht fett essen.

8. b) Besuch doch eine Freundin!
  c) Lade doch Freunde ein!
  d) Geh doch spazieren!
  e) Lies doch etwas!
  f) Schlaf doch eine Stunde!
  g) Räum doch das Kinderzimmer auf!
  h) Schreib doch einen Brief!
  i) Geh doch einkaufen!
  j) Spül doch das Geschirr!
  k) Bereite doch das Abendessen vor!
  l) Sieh doch fern!
  m) Sei doch endlich zufrieden!

9. a) neu **b)** ungefährlich **c)** unglücklich **d)** unbequem **e)** schlecht **f)** unmodern **g)** unvorsichtig **h)** unzufrieden **i)** schwer **j)** kalt **k)** ruhig **l)** sauer **m)** unehrlich **n)** krank (ungesund) **o)** dick **p)** gleich **q)** hässlich **r)** ungünstig **s)** unwichtig **t)** leise **u)** klein **v)** hell **w)** geschlossen **x)** zusammen

10. a) *Um halb neun ist* sie aufgestanden. **b)** *Dann* hat sie gefrühstückt. **c)** *Danach* hat sie ein Buch gelesen. **d)** *Sie hat* Tennis gespielt **e)** *und* Radio gehört. **f)** *Um ein Uhr* hat sie zu Mittag gegessen. **g)** *Von drei bis vier Uhr* hat sie geschlafen. **h)** *Dann* ist sie schwimmen gegangen. / ... hat / ist sie geschwommen. **i)** *Um fünf Uhr* hat sie Kaffee getrunken. **j)** *Danach* hat sie ferngesehen. **k)** *Um sechs Uhr* hat sie zu Abend gegessen. **l)** *Abends* hat sie getanzt.

11. *anfangen*, anrufen, antworten, arbeiten, aufhören, aufmachen, aufräumen, aufstehen, ausgeben, aussehen
baden, bauen, beantworten, bedeuten, bekommen, beschreiben, bestellen, besuchen, bezahlen, bleiben,
brauchen, bringen
diskutieren, duschen
einkaufen, einladen, einschlafen, entscheiden, erzählen, essen
fahren, feiern, fernsehen, finden, fotografieren, fragen, frühstücken, funktionieren
geben, gehen, glauben, gucken
haben, heißen, helfen, herstellen, holen, hören
informieren
kaufen, kennen, klingeln, kochen, kommen, kontrollieren, korrigieren, kosten
leben, leihen, lernen, lesen, liegen
machen, meinen, messen, mitbringen
nehmen
passen, passieren
rauchen
sagen, schauen, schlafen, schmecken, schneiden, schreiben, schwimmen, sehen, sein, spazieren gehen,
spielen, sprechen, spülen, stattfinden, stehen, stimmen, stören, studieren, suchen
tanzen, telefonieren, treffen, trinken, tun
umziehen
verbieten, verdienen, vergessen, vergleichen, verkaufen, verstehen, vorbereiten, vorhaben
warten, waschen, weitersuchen, wissen, wohnen
zeichnen, zuhören

12. Individuelle Lösung.

13. a) C **b)** B **c)** B **d)** D **e)** C **f)** C **g)** A **h)** D

14. a) unbedingt **b)** plötzlich **c)** bloß/nur **d)** bloß/nur **e)** zuviel · höchstens **f)** Wie oft · häufig
g) bestimmt **h)** ein bisschen **i)** unbedingt **j)** höchstens · bloß · nur **k)** wirklich

15. b) Hört doch Musik!
c) Besucht doch Freunde!
d) Ladet doch Freunde ein!
e) Spielt doch Fußball!
f) Geht doch einkaufen!
g) Arbeitet doch für die Schule!
h) Seht doch fern!
i) Räumt doch ein bisschen auf!
j) Lest doch ein Buch!
k) Geht doch spazieren!
l) Macht doch Musik!
m) Seid doch endlich zufrieden!

16.

	du	ihr	Sie
kommen	komm	*kommt*	kommen Sie
geben	gib	gebt	geben Sie
essen	*iss*	esst	essen Sie
lesen	lies	lest	lesen Sie
nehmen	nimm	nehmt	nehmen Sie
sprechen	sprich	sprecht	*sprechen Sie*
vergessen	vergiss	vergesst	vergessen Sie
einkaufen	kauf ... ein	kauft ... ein	kaufen Sie ... ein
(ruhig) sein	sei	seid	seien Sie

Schlüssel

17.

	Vorfeld	Verb₁	Subj.	Angabe	Ergänzung	Verb₂
a)		*Nehmen*	*Sie*	*abends*	*ein Bad!*	
b)	Ich	soll		abends	ein Bad	nehmen.
c)	Sibylle	hat		abends	ein Bad	genommen.
d)		Trink		nicht	so viel Kaffee!	

18. Individuelle Lösung.

Lektion 7

1. a) schreiben **b)** trinken **c)** waschen **d)** machen **e)** kochen **f)** lernen **g)** fahren **h)** gehen
i) treffen **j)** einkaufen

2. a) *Am Morgen hat sie lange geschlafen und dann* geduscht. *Am Mittag hat sie* das Essen gekocht. *Am Nachmittag* hat sie Briefe geschrieben und Radio gehört. *Am* Abend hat sie das Abendessen gemacht und die Kinder ins Bett gebracht.
  b) Am Morgen hat er mit den Kindern gefrühstückt. Dann hat er das Auto gewaschen. Am Mittag hat er das Geschirr gespült. Am Nachmittag hat er im Garten gearbeitet und mit dem Nachbarn gesprochen. Am Abend hat er einen Film im Fernsehen gesehen. Um halb elf ist er ins Bett gegangen.
  c) Am Morgen haben sie im Kinderzimmer gespielt und Bilder gemalt. Am Mittag um halb eins haben sie gegessen. Am Nachmittag haben sie Freunde getroffen. Dann sind sie zu Oma und Opa gefahren. Am Abend haben sie gebadet. Dann haben sie im Bett gelesen.

3. a) *hat gehört*, gebadet, gearbeitet, gebaut, geduscht, gefeiert, gefragt, gefrühstückt, geheiratet, geholt, gekauft, gekocht, gelebt, gelernt, gemacht, gepackt, geraucht, geschmeckt, gespült, gespielt, getanzt, gewartet, geweint, gewohnt
  b) *hat getroffen*, gesehen, gestanden, getrunken, gefunden, gegeben, gelesen, gemessen, geschlafen, geschrieben, gewaschen, geschwommen
  ist geschwommen, geblieben, gegangen, (gestanden), gefahren, gekommen, gewesen, gefallen

4. a) 7.30: *gekommen*, 7.32: gekauft, 7.34: gewartet, gelesen, 7.50: gefahren, 8.05: geparkt, 8.10: gegangen, getrunken, 8.20: gesprochen, bis 9.02: gewesen, bis 9.30: spazieren gegangen, 9.30: eingekauft, 9.40: gebracht, 9.45: angerufen
  b) *Um 7.30 Uhr ist Herr A. aus dem Haus gekommen. Er hat an einem Kiosk eine Zeitung gekauft. Dann* hat er im Auto gewartet und Zeitung gelesen. *Um 7.50 Uhr* ist A. zum City-Parkplatz gefahren. Dort hat er um 8.05 Uhr geparkt. Um 8.10 Uhr ist er in ein Café gegangen und hat einen Kaffee getrunken. Um 8.20 Uhr hat er mit einer Frau gesprochen. Er ist bis 9.02 Uhr im Café geblieben. Bis 9.30 Uhr ist er dann im Stadtpark spazieren gegangen. Dann hat er im HL-Supermarkt Lebensmittel eingekauft. Um 9.40 Uhr hat er die Lebensmittel zum Auto gebracht. Um 9.45 Uhr hat A. in einer Telefonzelle jemanden angerufen.

5. a) -ge—(e)t *zugehört*, mitgebracht, aufgemacht, aufgeräumt, hergestellt, kennen gelernt, weitergesucht
  ge—t *gehört*, geglaubt, geantwortet, geklingelt, gesucht, gewusst
  —(e)t *verkauft*, überlegt, vorbereitet
  b) -ge—en (hat ...) *ferngesehen*, angerufen, stattgefunden
  (ist ...) *aufgestanden*, spazieren gegangen, umgezogen, eingeschlafen, weggefahren
  ge—en (hat ...) *gesehen*, geliehen, gefallen
  (ist ...) *geblieben*, gekommen, gefallen

6. a) hatte **b)** wart – waren · hatten **c)** hatte – war **d)** hatten · waren **e)** Hattet (Habt) **f)** Hattest · warst – hatte · war **g)** Hatten – war

7. *sein:* war, warst, war, waren, wart, waren
  haben: hatte, hattest, hatte, hatten, hattet, hatten

8. a) wegfahren **b)** Pech **c)** Chef **d)** mitnehmen **e)** Sache **f)** auch **g)** gewinnen **h)** grüßen **i)** verabredet sein **j)** fallen

9. a) fotografiert **b)** bestellt **c)** verkauft **d)** bekommen **e)** besucht · operiert **f)** gesagt · verstanden **g)** bezahlt · vergessen **h)** erzählt

10. a) Tu den Pullover bitte in die Kommode! **b)** Tu die Bücher bitte ins Regal! **c)** Bring das Geschirr bitte in die Küche! **d)** Bring den Fußball bitte ins Kinderzimmer! **e)** Tu das Geschirr bitte in die Spülmaschine! **f)** Bring die Flaschen bitte in den Keller! **g)** Tu den Film bitte in die Kamera! **h)** Tu das Papier bitte in / auf den Schreibtisch! **i)** Tu die Butter bitte in den Kühlschrank! **j)** Tu die Wäsche bitte in die Waschmaschine! **k)** Bring das Kissen bitte ins Wohnzimmer!

11. a) *Im Schrank.* **b)** Im Garten. **c)** In der Kommode. **d)** Im Regal. **e)** Im Schreibtisch. **f)** Im Flur. **g)** Im Keller.

12. a) in der · im · im **b)** in der · im · im **c)** in die · ins · in die **d)** im · im · in der **e)** in der · im · im **f)** in der · im · im **g)** in die · in die · ins **h)** in der · im · im **i)** ins · in den · in die **j)** in den · in die · ins

13. a) putzen **b)** ausmachen (ausschalten) **c)** Schuhe / Strümpfe **d)** Schule **e)** gießen **f)** vermieten **g)** wecken **h)** anstellen / anmachen / einschalten **i)** Telefon **j)** schlecht

14. a) ihn **b)** ihn **c)** sie **d)** sie **e)** es **f)** sie **g)** sie · sie

15. b) Vergiss bitte die Küche nicht! Du musst sie jeden Abend aufräumen.
c) Vergiss bitte den Hund nicht! Du musst ihn jeden Morgen füttern.
d) Vergiss bitte die Blumen nicht! Du musst sie jede Woche gießen.
e) Vergiss bitte den Brief von Frau Berger nicht! Du musst ihn unbedingt beantworten.
f) Vergiss bitte das Geschirr nicht! Du musst es jeden Abend spülen.
g) Vergiss bitte die Hausaufgaben nicht! Du musst sie unbedingt kontrollieren.
h) Vergiss bitte meinen Pullover nicht! Du musst ihn heute noch waschen.
i) Vergiss bitte meinen Krankenschein nicht! Du musst ihn zu Dr. Simon bringen.
j) Vergiss bitte den Fernsehapparat nicht! Du musst ihn abends abstellen.

16. ○ Hast · gewaschen □ habe · gepackt – Hast · geholt ○ habe · gekauft – aufgeräumt – hast · gemacht □ habe · gebracht – bin · gegangen – habe · gekauft – Hast · gesprochen ○ habe · hingebracht – Hast · geholt □ habe · vergessen

17. a) aufwachen **b)** weg sein **c)** sitzen **d)** zurückkommen **e)** rufen **f)** parken **g)** anstellen **h)** abholen **i)** weggehen **j)** aufhören **k)** weiterfahren **l)** suchen **m)** aussteigen

18. a) 1. jetzt 2. sofort 3. gleich 4. bald 5. später
b) 1. gegen elf Uhr 2. um elf Uhr 3. nach elf Uhr
c) 1. gestern früh 2. gestern Abend 3. heute Morgen 4. heute Mittag 5. morgen früh 6. morgen Nachmittag 7. morgen Abend
d) 1. zuerst 2. dann 3. danach 4. später
e) 1. immer 2. oft 3. manchmal 4. nie
f) 1. alles 2. viel 3. etwas 4. ein bisschen

19. a) noch nicht · erst **b)** nicht mehr **c)** erst **d)** noch **e)** schon **f)** noch **g)** erst · schon (schon · noch nicht) **h)** nicht mehr **i)** nicht mehr

20. a) Herzliche Grüße, Hallo Bernd, Lieber Christian, Liebe Grüße, Sehr geehrte Frau Wenzel, Lieber Herr Heick
b) Hallo Bernd, Guten Tag, Auf Wiedersehen, Guten Abend, Guten Morgen, Tschüs

Schlüssel

Lektion 8

1. **b)** *Paul repariert die* Dusche nicht selbst. *Er lässt* die Dusche reparieren.
   c) Er lässt das Auto in die Garage fahren.
   d) Ich mache den Kaffee nicht selbst. Ich lasse den Kaffee machen.
   e) Er beantwortet den Brief nicht selbst. Er lässt den Brief beantworten.
   f) Ihr holt den Koffer nicht selbst am Bahnhof ab. Ihr lasst den Koffer abholen.
   g) Sie waschen / wäscht die Wäsche nicht selbst. Sie lassen / lässt die Wäsche waschen.
   h) Ich mache die Hausarbeiten nicht selbst. Ich lasse die Hausarbeiten machen.
   i) Paula putzt die Wohnung nicht selbst. Sie lässt die Wohnung putzen.
   j) Du räumst den Schreibtisch nicht selbst auf. Du lässt den Schreibtisch aufräumen.
   k) Ich bestelle das Essen und die Getränke nicht selbst. Ich lasse das Essen und die Getränke bestellen.
   l) Paul und Paula machen das Frühstück nicht selbst. Sie lassen das Frühstück machen.

2. **b)** in die VW-Werkstatt   **c)** in die Sprachschule Berger   **d)** auf die Post   **e)** auf den Bahnhof   **f)** ins Ufa-Kino   **g)** in die Tourist-Information   **h)** ins Parkcafé   **i)** ins Schwimmbad   **j)** in die Metzgerei Koch / in den Supermarkt König   **k)** in den Supermarkt König   **l)** in die Bibliothek

3. **b)** *Um neun Uhr war er* auf der Bank.   **c)** Um halb zehn war er auf dem Bahnhof.   **d)** Um zehn Uhr war er in der Bibliothek.   **e)** Um halb elf war er im Supermarkt.   **f)** Um elf Uhr war er in der Reinigung.   **g)** Um halb zwölf war er in der Apotheke.   **h)** Um zwölf Uhr war er in der Metzgerei.   **i)** Um halb drei war er im Reisebüro.   **j)** Um drei Uhr war er auf der Post.   **k)** Um vier Uhr war er in der Telefonzelle.   **l)** Um halb fünf war er wieder zu Hause.

4. **b)** *Um neun war ich* auf der Bank.   **c)** *Um halb zehn* war ich auf dem Bahnhof.   **d)** *Um* zehn Uhr war ich in der Bibliothek.   **e)** Um halb elf war ich im Supermarkt.   **f)** Um elf Uhr war ich in der Reinigung.   **g)** Um halb zwölf war ich in der Apotheke.   **h)** Um zwölf Uhr war ich in der Metzgerei.   **i)** Um halb drei war ich im Reisebüro.   **j)** Um drei Uhr war ich auf der Post.   **k)** Um vier Uhr war ich in der Telefonzelle.   **l)** Um halb fünf war ich wieder zu Hause.

5. **c)** ○ Wo kann man hier Kuchen essen? □ Im Markt-Café. Das ist am Marktplatz.
   d) ○ Wo kann man hier Gemüse kaufen? □ Im Supermarkt König. Der ist in der Obernstraße.
   e) ○ Wo kann man hier parken? □ Auf dem City-Parkplatz. Der ist in der Schlossstraße.
   f) ○ Wo kann man hier übernachten? □ Im Bahnhofshotel. Das ist in der Bahnhofstraße.
   g) ○ Wo kann man hier essen? □ Im Schloss-Restaurant. Das ist an der Wapel.
   h) ○ Wo kann man hier einen Tee trinken? □ Im Parkcafé. Das ist am Parksee.
   i) ○ Wo kann man hier schwimmen? □ Im Schwimmbad. Das ist an der Bahnhofstraße.
   j) ○ Wo kann man hier Bücher leihen? □ In der Bücherei. Die ist in der Kantstraße.

6. **c)** An der Volksbank rechts bis zur Telefonzelle.   **d)** Am Restaurant links bis zum Maxplatz.   **e)** An der Diskothek links bis zu den Parkplätzen.   **f)** Am Stadtcafé rechts bis zur Haltestelle.   **g)** An der Buchhandlung links bis zum Rathaus.   **h)** An der Telefonzelle rechts in die Berner Straße.   **i)** Am Fotostudio rechts in den Lindenweg.   **j)** Am Stadtpark geradeaus bis zu den Spielwiesen.

7. **c)** Neben dem · ein   **d)** Das · neben einem   **e)** Das · an der   **f)** Zwischen der · dem · ein · das   **g)** Neben dem · das   **h)** Die · in der · neben dem   **i)** Das · am   **j)** Der · zwischen dem · einem / dem

8. **a)** *Zuerst hier geradeaus bis zum* St.-Anna-Platz. *Dort an der* St.-Anna-Kirche *vorbei in die* Mannstraße. *Da ist dann rechts die* Volkshochschule.
   b) *Zuerst hier geradeaus bis zur* Berliner Straße, *dort rechts. Am* Stadtmuseum *vorbei und dann links in die* Münchner Straße. *Da sehen Sie dann links den* Baalweg, *und da an der Ecke liegt auch die* „Bücherecke".
   c) *Hier die* Hauptstraße *entlang bis zum* St.-Anna-Platz. *Dort bei der* Telefonzelle *rechts in die* Brechtstraße. *Gehen Sie die* Brechtstraße *entlang bis zur* Münchner Straße. *Dort sehen Sie dann die* Videothek. *Sie liegt direkt neben dem* Hotel Rose.
   d) bis **g):** Individuelle Lösungen.

9. **a)** *zum* · zum · am / beim · am · zur · an / bei der · zur · neben dem
   b) zur · über die · an der · an der · zur · Dort bei der Diskothek gehen Sie links in die Obernstraße bis zum Supermarkt. Die Stadtbücherei ist beim Supermarkt, in der Kantstraße.

c) Gehen Sie hier die Bahnhofstraße geradeaus bis zur Tourist-Information. Dort rechts in die Hauptstraße bis zur Schillerstraße. Da wieder rechts in die Schillerstraße und zum Marktplatz. Das Hotel Lamm liegt hinter dem Stadttheater, in der Kantstraße.

10. *Pünktlich um 14 Uhr hat uns Herr Leutze begrüßt. Zuerst hat er uns etwas* über das alte Berlin erzählt. Danach sind wir zum Kurfürstendamm gefahren. Da kann man die Gedächtniskirche sehen. Sie ist eine Ruine und soll an den Krieg erinnern.
Dann sind wir zum ICC gefahren. Dort haben wir Pause gemacht. Nach einer Stunde sind wir weitergefahren. Dann haben wir endlich die Berliner Mauer gesehen. Bis 1989 hat die Mauer Berlin und Deutschland in zwei Teile geteilt. Sie war 46 km lang.
Dann sind wir nach Ostberlin gefahren. Wir haben die Staatsbibliothek, den Dom und die Humboldt-Universität gesehen. Dann war die Rundfahrt leider schon zu Ende.

11. **a)** vor dem Radio **b)** zwischen den Büchern **c)** auf dem Schrank **d)** hinter dem Schrank **e)** neben der Schreibmaschine **f)** unter der Zeitung **g)** hinter der Vase **h)** auf dem Bett / im Bett **i)** auf der Nase

12. **a)** *Familie Meier* **b)** Kasper (der Hund) **c)** Familie Reiter **d)** Familie Hansen **e)** Emmily (die Katze) **f)** Familie Berger **g)** Familie Müller **h)** Familie Schmidt **i)** Familie Schulz

13. *Vor der Tür* liegen Kassetten. Neben der Toilette ist eine Milchflasche. Unter dem Tisch liegt ein Kugelschreiber. Auf dem Stuhl liegt ein Brot. Auf der Vase liegt ein Buch. Auf dem Schrank liegt Käse. Im Waschbecken liegen Schallplatten. Im (auf dem) Bett liegt ein Aschenbecher. In der Dusche sind Weingläser. Unter dem Bett liegt ein Feuerzeug. Vor dem Kühlschrank liegt eine Kamera. Unter dem Stuhl sind Zigaretten. Hinter dem Schrank ist ein Bild. Auf dem Regal steht eine Flasche. Auf der Couch ist ein Teller. Neben dem Bett ist eine Dusche. Neben der Couch ist eine Toilette. Vor dem Bett steht ein Kühlschrank.

14. **a)** *auf den Tisch* **b)** neben die Couch **c)** vor die Couch **d)** hinter den Sessel **e)** neben den Schrank **f)** zwischen den Sessel und die Couch **g)** neben das Waschbecken

15. *Dativ:* dem · (dem) im · der · den
Akkusativ: den · (das) ins · die · die

16. **(a)** zwischen **(b)** in **(c)** auf **(d)** nach **(e)** Mit **(f)** in **(g)** in **(h)** aus **(i)** auf **(j)** Aus **(k)** zum **(l)** zu **(m)** in **(n)** mit **(o)** in **(p)** auf **(q)** nach **(r)** nach **(s)** zum **(t)** zur **(u)** an

17. **a)** Menschen **b)** Autobahn **c)** Haushalt **d)** Bahn **e)** Museen **f)** Verbindung **g)** Nummer **h)** Aufzug **i)** Wiesen

18. **a)** *vom* **b)** am **c)** *im* **d)** in der **e)** am **f)** auf der **g)** nach **h)** auf der **i)** ins **j)** neben der **k)** nach **l)** vor dem **m)** auf dem **n)** hinter dem **o)** in der **p)** in den **q)** unter dem **r)** in der **s)** von zu **t)** zwischen der · dem

19.

	Vorfeld	Verb$_1$	Subj.	Ergänzung	Angabe	Ergänzung	Verb$_2$
a)	*Berlin*	*liegt*				*an der Spree.*	
b)	Wie	kommt	man		schnell	nach Berlin?	
c)	Nach Berlin	kann	man		auch mit dem Zug		fahren.
d)	Wir	treffen		uns	um zehn	an der Gedächtnis-kirche.	
e)	Der Fernseh-turm	steht				am Alexanderplatz.	
f)	Er	hat		das Bett	wirklich	in den Flur	gestellt.
g)	Du	kannst		den Mantel	ruhig	auf den Stuhl	legen.
h)	Zum Schluss	hat	er	die Sätze		an die Wand	geschrieben.
i)	Der Bär	sitzt				unter dem Funkturm.	

Schlüssel

20. a) Bahnfahrt, Eisenbahn, Intercity, Bahnhof, umsteigen, Zugverbindungen
   b) Autobahn, Autofahrt, Parkplatz, Raststätte
   c) Flughafen, Maschine

21. A. (a) in **(b)** in **(c)** nach **(d)** Ins **(e)** in der **(f)** in den **(g)** im **(h)** im **(i)** auf der **(j)** ins **(k)** ins **(l)** in **(m)** In **(n)** auf **(o)** im **(p)** nach **(q)** an den **(r)** im **(s)** in der / an der **(t)** im **(u)** nach
   B. Individuelle Lösung.

Lektion 9

1. a) Mikrowelle – *Musik* **b)** Waschbecken – Haushaltsgeräte **c)** Halskette – Reise **d)** Geschirr spülen – Sport, Freizeit **e)** Pause – Gesundheit **f)** Messer – Schmuck **g)** Elektroherd – Möbel **h)** Typisch – Sprachen **i)** Reiseleiter – Bücher **j)** Hähnchen – Tiere **k)** aufpassen – Haushalt

2. a) Pflanze **b)** Schlafsack **c)** Kette **d)** Wörterbuch **e)** Feuerzeug **f)** Fernsehfilm **g)** Schallplatten **h)** Geschirrspüler **i)** Blumen **j)** Reiseführer

3. b) Er hat ihr das Auto geliehen. **c)** Er hat ihnen ein Haus gebaut. **d)** Er hat ihnen Geschichten erzählt. **e)** Er hat mir ein Fahrrad gekauft. **f)** Er hat dir Briefe geschrieben. **g)** Er hat uns Pakete geschickt. **h)** Er hat Ihnen den Weg gezeigt.

4. b)

Der Lehrer Er	erklärt	Yvonne der Frau / dem Mädchen ihr	den Dativ.

c)

Der Vater Er	will	Elmar dem Jungen ihm	helfen.

d)

Jochen Er	schenkt	Lisa der Freundin ihr	eine Halskette

e)

Die Mutter Sie	kauft	Astrid dem Kind ihm	ein Fahrrad.

5. a) *… Ihr kann man ein Feuerzeug* schenken, *denn* sie raucht viel.
   Ihr kann man eine Reisetasche schenken, denn sie reist gern.
   b) *Ihm kann man* einen Fußball schenken, denn er spielt Fußball.
   Ihm kann man ein Kochbuch schenken, denn er kocht gern.
   Ihm kann man eine Kamera schenken, denn er ist Hobby-Fotograf.
   c) *Ihr kann man* Briefpapier schenken, denn sie schreibt gern Briefe.
   Ihr kann man ein Wörterbuch schenken, denn sie lernt Spanisch.
   Ihr kann man eine Skibrille schenken, denn sie fährt gern Ski.

6. b) *wann?* morgen *was? Dienstjubiläum* *bei wem?* bei Ewald

   1 Zigaretten · *raucht gern – das* ist zu unpersönlich
   2 *Kochbuch* · kocht gern – *hat schon* so viele
   3 Kaffeemaschine · *seine* ist kaputt – *Idee ist* gut

   Morgen feiert Ewald sein Dienstjubiläum. Die Gäste möchten ein Geschenk mitbringen. *Der Mann will* ihm Zigaretten schenken, denn Ewald raucht gern. Aber das ist zu unpersönlich. Ein Kochbuch können die Gäste auch nicht mitbringen, denn Ewald hat schon so viele. Aber seine Kaffeemaschine ist kaputt. Deshalb schenken die Gäste ihm eine Kafffeemaschine.

7. Bild 2: ich **Bild 3:** ich **Bild 4:** ihr · sie · ich **Bild 6:** Sie · ihn/den · Sie **Bild 7:** Ich **Bild 8:** Ich · du · ihn

8. Individuelle Lösung.

9. a) *Bettina hat* ihre Prüfung bestanden. Das möchte sie mit Sonja, Dirk und ihren anderen Freunden feiern. Die Party ist am Samstag, 4. 5., um 20 Uhr. Sonja und Dirk sollen ihr bis Donnerstag antworten oder sie anrufen.

b) *Herr und Frau Halster* sind 20 Jahre verheiratet. Das möchten sie mit Herrn und Frau Gohlke und ihren anderen Bekannten und Freunden feiern. Die Feier ist am Montag, 16. 6., um 19 Uhr. Herr und Frau Gohlke sollen ihnen bis Mittwoch antworten oder sie anrufen.

10.

Nom.	*Dat.*	*Akk.*		*Nom.*	*Dat.*	*Akk.*
ich	mir	mich		*wir*	uns	uns
du	dir	dich		*ihr*	euch	euch
Sie	Ihnen	Sie		*Sie*	Ihnen	Sie
er	ihm	*ihn*				
es	ihm	es		*sie*	ihnen	*sie*
sie	ihr	*sie*				

11. a) zufrieden **b)** gesund **c)** breit **d)** niedrig **e)** langsam **f)** kalt

12. a) groß **b)** nett **c)** schnell **d)** klein **e)** dick **f)** hoch

13.

klein	*kleiner*	*am kleinsten*	*lang*	länger	am längsten
billig	billiger	*am billigsten*	groß	*größer*	am größten
schnell	*schneller*	am schnellsten	schmal	schmaler	*am schmalsten*
neu	neuer	am neuesten	gut	besser	*am besten*
laut	*lauter*	am lautesten	*gern*	lieber	am liebsten
leicht	leichter	*am leichtesten*	viel	*mehr*	am meisten

14. a) kleiner **b)** schmaler **c)** breiter **d)** höher **e)** niedriger **f)** länger **g)** kürzer **h)** leichter **i)** schwerer **j)** schöner **k)** kaputt

15. b) Der Münchner Olympiaturm ist höher als der Big Ben in London. Am höchsten ist der Eiffelturm in Paris. **c)** Die Universität Straßburg ist älter als die Humboldt-Universität in Berlin. Am ältesten ist die Karls-Universität in Prag. **d)** Dresden ist größer als Münster. Am größten ist Berlin. **e)** Die Elbe ist länger als die Weser. Am längsten ist der Rhein. **f)** Boris spielt lieber Golf als Fußball. Am liebsten spielt er Tennis. **g)** Monique spricht besser Deutsch als George. Am besten spricht Nathalie. **h)** Linda schwimmt schneller als Paula. Am schnellsten schwimmt Yasmin. **i)** Thomas wohnt schöner als Bernd. Am schönsten wohnt Jochen.

16. b) ○ *Nimm doch* den Tisch da!
□ *Der gefällt* mir ganz gut, aber ich finde ihn zu niedrig.
○ Dann nimm doch den da links, der ist höher.
c) ○ Nimm doch den Teppich da!
□ Der gefällt mir ganz gut, aber ich finde ihn zu breit.
○ Dann nimm doch den da links, der ist schmaler.
d) ○ Nimm doch das Regal da!
□ Das gefällt mir ganz gut, aber ich finde es zu groß.
○ Dann nimm doch das da links, das ist kleiner.
e) ○ Nimm doch die Uhr da!
□ Die gefällt mir ganz gut, aber ich finde sie zu teuer.
○ Dann nimm doch die da links, die ist billiger.
f) ○ Nimm doch die Sessel da!
□ Die gefallen mir ganz gut, aber ich finde sie zu unbequem.
○ Dann nimm doch die da links, die sind bequemer.
g) ○ Nimm doch die Teller da!
□ Die gefallen mir ganz gut, aber ich finde sie zu klein.
○ Dann nimm doch die da links, die sind größer.

17. (a) *Ihnen* (b) mir (c) welche / eine (d) eine (e) Die (f) Ihnen (g) Sie / Die (h) die / sie (i) sie / die (j) mir (k) die (l) Ihnen die / sie Ihnen (m) die / sie (n) mir (o) eine (p) Die (q) Die (r) sie / die

18. a) C **b)** B **c)** A **d)** A

Schlüssel

19. A. Musik hören: a), b), c), e), g), h), i)
Musik aufnehmen: b), g), h), i)
Nachrichten hören: a), b)
Nachrichten hören und sehen: e)
die Kinder filmen: f)
Videokassetten abspielen: g), h)
Filme aufnehmen: g), h)
fotografieren: d)
Filme ansehen: e), h)
Interviews aufnehmen: b), g), h)
Sprachkassetten abspielen: b), i)
fernsehen: e), h)

B. b) *Mit einem Radio kann man Nachrichten hören,* Musik und Interviews hören und aufnehmen und Sprachkassetten abspielen.
c) Mit einem CD-Player kann man Musik hören.
d) Mit einer Kamera kann man fotografieren.
e) Mit einem Fernsehgerät kann man (Musik hören), Nachrichten hören und sehen, Filme ansehen, fernsehen.
f) Mit einer Videokamera kann man die Kinder filmen, Videokassetten abspielen und Interviews aufnehmen.
g) Mit einem Videorekorder kann man (Musik hören und aufnehmen), Videokassetten abspielen, (Fernseh-)Filme und Interviews aufnehmen und Filme ansehen.
h) Mit einem Video-Walkman kann man (Musik hören und aufnehmen), Nachrichten hören und sehen, Fernsehfilme aufnehmen und ansehen, Videokassetten abspielen und fernsehen.
i) Mit einem Walkman kann man Musik hören (und aufnehmen) und Sprachkassetten abspielen.

20. b) Den Walkman hat er ihr auf der Messe erklärt.
c) Dort hat er ihr den Walkman erklärt.
d) Er hat ihr früher oft geholfen.
e) Seine Tante hat ihm deshalb später das Bauernhaus vererbt.
f) Das Bauernhaus hat sie ihm deshalb vererbt.
g) Die Großstadt hat ihm zuerst ein bisschen gefehlt.
h) Später hat sie ihm nicht mehr gefehlt.

	Vorfeld	*Verb₁*	*Subj.*	*Erg.*	*Angabe*	*Ergänzung*	*Verb₂*
a)	*Der Verkäufer*	*hat*		*ihr*	*auf der Messe*	*den Walkman*	*erklärt.*
b)	Den Walkman	hat	er	ihr	auf der Messe		erklärt.
c)	Dort	hat	er	ihr		den Walkman	erklärt.
d)	Er	hat		ihr	früher oft		geholfen.
e)	Seine Tante	hat		ihm	deshalb später	das Bauernhaus	vererbt.
f)	Das Bauernhaus	hat	sie	ihm	deshalb		vererbt.
g)	Die Großstadt	hat		ihm	zuerst ein bisschen		gefehlt.
h)	Später	hat	sie	ihm	nicht mehr		gefehlt.

Lektion 10

1. a) B **b)** B **c)** A **d)** C **e)** C **f)** A (B)

2. a) *Arzt*, Frisör, Bäcker, Schauspieler, Verkäufer, Lehrer, (Hausfrau), (Minister), (Politiker), Schriftsteller, Polizist, Maler (Soldat)

   b) *Student*, Theater, Passagier, Person, Deutscher, Bruder, Mann, Eltern Schweizer, Beamter, Doktor, Tante, Herr, Kollege, Schüler, Österreicher, Freund, Chef, Tourist, Junge, Nachbar, Sohn, (Soldat), Ausländer, Tochter

3. a) erste **b)** zweite **c)** dritte **d)** vierte **e)** fünfte **f)** sechste **g)** siebte **h)** achte **i)** neunte **j)** zehnte **k)** elfte **l)** zwölfte **m)** dreizehnte **n)** vierzehnte

4. a) einen Brief, ein Lied, ein Buch, eine Insel, ein Land, ein Bild **b)** einen Brief, ein Lied, ein Buch **c)** ein Lied **d)** eine Maschine, ein Gerät **e)** ein Bild **f)** Fußball, ein Lied, Tennis

5. b) von neunzehnhundertelf bis neunzehnhunderteinundneunzig
   c) von achtzehnhundertneunundsiebzig bis neunzehnhundertfünfundfünfzig
   d) von achtzehnhundertfünfzehn bis neunzehnhundertfünf
   e) von siebzehnhundertsiebenundneunzig bis achtzehnhundertsechsundfünfzig
   f) von siebzehnhundertneunundfünfzig bis achtzehnhundertfünf
   g) von sechzehnhundertfünfundachtzig bis siebzehnhundertfünfzig
   h) von vierzehnhundertdreiundachtzig bis fünfzehnhundertsechsundvierzig
   i) von zwölfhundertsechzig bis dreizehnhundertachtundzwanzig
   j) von elfhundertfünfundzwanzig bis elfhundertneunzig
   k) von siebenhundertzweiundvierzig bis achthundertvierzehn

6. Individuelle Lösung.

7. (a) am **(b)** Bis **(c)** Von · bis **(d)** Nach dem **(e)** im **(f)** von · bis **(g)** In den / In diesen **(h)** Im **(i)** bis **(j)** nach der / nach dieser **(k)** seit **(l)** In der / In dieser / In seiner **(m)** seit der / seit seiner **(n)** bis **(o)** nach **(p)** In den **(q)** vor seinem **(r)** im

8. b) Sie ist Japanerin. Sie kommt aus Japan. Sie spricht Japanisch.
   c) Er ist Amerikaner. Er kommt aus USA (aus den USA, aus Amerika). Er spricht Englisch.
   d) Er ist Grieche. Er kommt aus Griechenland. Er spricht Griechisch.

9. a) Brasilien, *Brasilianerin*, Portugiesisch **b)** *Frankreich*, Französin, Französisch **c)** Indien, Indierin, *Hindi* **d)** *Japan*, Japaner, Japanisch **e)** Schweden, Schwede, *Schwedisch* **f)** Polen, *Pole*, Polnisch **g)** Neuseeland, Neuseeländer, *Englisch* **h)** *Deutschland*, Deutsche, Deutsch

10. a) und · aber **b)** aber **c)** Deshalb **d)** Trotzdem · aber **e)** Dann **f)** Deshalb · Dann **g)** oder **h)** sonst

11. b) der Lieder **c)** des Jahrhunderts **d)** der Stadt **e)** des Stadtparlaments **f)** des Orchesters **g)** des Landes **h)** der Firmen **i)** des Turms / des Turmes **j)** der Geschäfte

12. b) *von* seinem Vater **c)** von unserer Schule **d)** von ihrem Chef **e)** von deinem Kollegen **f)** von der Reinigung **g)** vom Rathaus **h)** von unseren Nachbarn **i)** *der Bibliothek* **j)** meines Vermieters **k)** des Gasthauses Schmidt **l)** eines Restaurants **m)** des Cafés Fischer **n)** unseres Arztes **o)** eurer Nachbarn **p)** des Nationalmuseums **q)** *Barbaras Telefonnummer* **r)** Werners Telefonnummer **s)** Hannes Telefonnummer **t)** Jürgens Telefonnummer **u)** Ulrikes Telefonnummer

13. richtig: 3, 4, 6, 8

14. a) gehören **b)** raten **c)** gestorben sein **d)** wählen **e)** besichtigen **f)** bestehen **g)** geboren sein

15. a) mit einem Freund **b)** dem Freund ein Buch **c)** bei einem Freund **d)** zu einem Freund **e)** einem Freund **f)** für einen Freund **g)** einen Freund **h)** ein Freund

16. A. ja: c), f), h), j)
   B. ja: b), e), g), i)

Schlüssel

17. **a)** Bodensee · Länder/Staaten **b)** Österreich und die **c)** Grenzen · Länder/Staaten **d)** ohne · von · in · fahren/gehen/reisen **e)** des · die **f)** Ufers · zur **g)** Schweiz · Kilometer lang · länger **h)** Von · bis · Schiffe · fähren **i)** Flüsse · Bäche **j)** Er/Der See · lang · breit **k)** Touristen an · machen **l)** um · wandern/spazieren

18. **a)** nach **b)** Im **c)** an der · auf den **d)** auf den · auf den/über den **e)** um den **f)** durch den (in den) **g)** über die · auf die **h)** durch den · in die **i)** in der **j)** Auf den (Auf die) **k)** in die · in den (auf den)

19. **a)** Buch **b)** Ausland **c)** Meer **d)** Schiff **e)** Tasse **f)** rund **g)** Denkmal **h)** Bad **i)** Fahrrad **j)** Natur **k)** Hafen **l)** Parlament **m)** Klima **n)** Museum **o)** mit dem Fuß

20. **a)** Meistens **b)** Natürlich **c)** ganz **d)** fast **e)** Vor allem **f)** Vielleicht **g)** selten **h)** etwas **i)** oft **j)** plötzlich **k)** manchmal

21. **a)** A **b)** B **c)** C **d)** B **e)** B **f)** C **g)** A **h)** B **i)** B **j)** C **k)** B

22. *Lieber Johannes,*
seit einer Woche bin ich nun schon mit meinem
Zelt am Bodensee. Ich finde es hier fantastisch.
Den ganzen Tag haben wir Sonne, und ich kann
stundenlang wandern. Die Berge sind herrlich.
Nur du fehlst mir, sonst ist alles prima. Bis nächste
Woche!
Ganz herzliche Grüße
Katrin

Schlüssel für die „Grammar"

Lektion 1

4.5. Woher kommen sie? Wohin möchten Sie? Wo wohnen Sie? Woher sind Sie? Wo arbeitet er? Wohin möchtest Du?

Lektion 2

1.1. **a)** This is not a television set. It is a washing maschine. **b)** Is this the stove made by BADENIA? **c)** Frau Pristl has children. **d)** A lamp costs 31 marks. **e)** Herr Rhodes verkauft Autos. **f)** Das ist eine Spülmaschine aus Deutschland. **g)** Der Stuhl ist sehr bequem. **h)** Das ist kein Radio. Es ist ein Telefon.

2.1. **a)** Ich wohne nicht in Manchester. **b)** Das ist keine Waschmaschine. **c)** Das ist nicht meine Kamera. **d)** Die Maschine funktioniert nicht. **e)** Keine Maschine funktioniert. **f)** Der Fernsehapparat ist nicht neu. **g)** Ich habe keine Kinder.

6.1. **a)** sondern **b)** aber **c)** aber **d)** sondern **e)** aber

Lektion 3

1.1. **a)** Die **b)** dein **c)** dein **d)** einen **e)** Der **f)** kein **g)** ein **h)** das **i)** deinen **j)** Dein **k)** einen

5.4. **a)** Hör bitte noch den Dialog, Antonia! **b)** Üben Sie bitte die Grammatik, Herr Sanchez! **c)** Ergänzen Sie doch noch das Wort, Frau Otani! **d)** Lesen Sie bitte die Anzeige, Herr Abel und Herr Koch! **e)** Schreib doch noch einen Dialog, Pavlo! **f)** Nimm den Kugelschreiber, Katja! **g)** Sprich bitte lauter, Maria!

6.2. **a)** Doch **b)** Nein **c)** Nein **d)** Ja **e)** Doch

Schlüssel für die „Grammar"

Lektion 4

1.1. a) Manuela muss um 7.00 Uhr aufstehen. **b)** Ilona geht spazieren. Sie muss nicht arbeiten. **c)** Monika ist müde. Du darfst sie nicht stören. **d)** Papi, darf ich schwimmen gehen? **e)** Willi muss auch abends arbeiten. **f)** Sie dürfen hier nicht rauchen.

6.1. ○ Wie heißen Sie?   □ Evans.
   ○ Wie ist denn ihr Vorname?   □ Gary.
   ○ Sie sind also Gary Evans:

   ○ Was machen Sie denn da?   □ Ich rauche.
   ○ Das ist aber verboten. Sie sehen doch das Schild.   □ Gut, dann höre ich eben auf.

Lektion 5

3.1. a) 1 **b)** 2 **c)** 1 **d)** 1 **e)** 1 **f)** 2

Lektion 6

1.1. ○ unsere □ Euer ○ unser □ Euer ○ unser □ Euer ○ unser □ Euer

2.4. a) hat **b)** ist **c)** ist **d)** Hast **e)** habe **f)** bist **g)** ist **h)** haben **i)** ist **j)** hast

2.5.

preverbal position	verb 1	subject	qualifiers	complement	verb 2
Thomas	hat			das Essen	bezahlt.
Wie	ist		denn	das	passiert?
Wann	ist	sie			gegangen?
	Hast	du		mit Karin	getanzt?
Gestern	habe	ich		mit Claudia	telefoniert.

Lektion 7

4.3. a) 1 **b)** 2 **c)** 2 **d)** 1 **e)** 1 **f)** 2 **g)** 1 **h)** 1 **i)** 2 **j)** 1

4.4. a) Wo **b)** Wohin **c)** Wohin **d)** Wo **e)** Wohin **f)** Wo

4.5. nach, ins, zum, in, die, zu, nach, nach

7.1. a) 1. Er muss Jens um 7.40 Uhr in den Kindergarten bringen.
   2. In den Kindergarten muss er Jens um 7.40 Uhr bringen.
   3. Jens muss er um 7.40 Uhr in den Kindergarten bringen.
 b) 1. Zwei Wochen muss sie im Krankenhaus bleiben.
   2. Im Krankenhaus muss sie zwei Wochen bleiben.

7.2. a) Kannst du sie bitte füttern? **b)** Ich habe es gestern geputzt. **c)** Du musst ihn unbedingt aufräumen. **d)** Hast du sie auch im Wohnzimmer angestellt? **e)** Bitte wasch sie morgen.

Lektion 8

3.3. a) bei **b)** zum **c)** zur **d)** nach **e)** bei **f)** nach **g)** zum **h)** zu **i)** nach

3.4. a) aus **b)** Seit **c)** Nach **d)** mit **e)** bei **f)** aus dem

Schlüssel für die „Grammar"

Lektion 9

1.3. a) meinen b) deiner c) die d) meine e) seinem f) meinen g) meiner h) deinen i) meinem j) ihre k) das l) Meiner

2.2. a) dich b) sie c) mich d) ihn e) sie f) uns g) euch h) Sie/sie i) dir

2.2. a) ihnen b) sie c) er/uns d) euch e) Sie/uns f) ihn g) dich h) Sie/sie i) dir

3.1. a) ... Kannst du mir eins kaufen? b) Geben Sie mir bitte ihren Pass. c) Frag doch den Kellner, er kann dir bestimmt das Geld wechseln. d) ... Was schenken wir ihr? e) ... Kauf ihm zum Geburtstag eine Kamera. f) Dieses Restaurant kann ich euch empfehlen. g) Gestern Abend hat Rüdiger seinen Freunden Bilder von seinem Bauernhaus gezeigt.

3.2. 1. Gestern hat er mir die Geschichte erzählt.
2. Die Geschichte hat er mir gestern erzählt.
3. Mir hat er die Geschichte gestern erzählt.

3.4. a) Erst waren wir in Hamburg. Dann sind wir nach Bremen gefahren.
b) Der Video-Walkman ist praktisch. Aber er ist auch sehr teuer.
c) Ich kann nicht ins Büro kommen, denn ich bin krank.
d) Ich habe Fieber. Deshalb gehe ich zum Arzt.
e) Ich war auf der Bank. Da habe ich Susan getroffen.
f) Am Samstag? Ich bin nicht ins Theater gegangen, sondern ich habe ferngesehen.
g) Das Auto ist sehr teuer. Trotzdem kaufe ich es.

Lektion 10

1.3. a) fünfter siebter b) dreiundzwanzigster vierter c) erster zehnter d) dreizehnter elfter e) siebter zweiter f) siebenundzwanzigster dritter g) dritter achter h) sechzehnter sechster

1.4. a) vor dem Krieg b) im Dezember c) bis zum Abend d) vom 15. bis 22. August e) in zwei Jahren f) am Donnerstag g) nach der Party h) nach sieben Monaten i) um Viertel vor neun j) vor drei Tagen k) drei Jahre lang l) am Nachmittag

2.3. a) die Hauptstadt des Landes b) der Brief seines Freundes c) Katjas Telefonnummer d) die Städte Deutschlands e) die Häuser der Insel f) der Ring meiner Frau g) die Tür des Autos

5.1. a) welchem b) Welchen c) Welchen d) welches e) welchem f) Welcher

Translations of the exercise headings

Chapter 1:

1. Please complete.
2. What goes together?
3. Please complete.
4. Your grammar. Please complete.
5. What goes together?
6. Please write dialogues.
7. Please complete.
8. „Du" or „Sie"? Please formulate the questions.
9. What is this?
10. „Wer", „wie" or „wo"? Please complete.
11. Please write.
12. Please read the number plates.
13. Who has the telephone number...?
14. Please make sentences.
15. Make up a telephone conversation from the phrases given below.
16. Who is this? Please write.
17. Please write dialogues.
18. Please complete.
19. Please complete.
20. Your grammar. Please complete.
21. Please complete.

Translations of the exercise headings

22. Which is the correct response?
23. Please read pp. 14/15 in the Kursbuch.
    a) Please complete.
    b) Please write.
24. Please read the texts on pp. 15/16 in the Kursbuch. Then write.
25. „Erst" or „schon"?
26. Please ask.
27. Supply the appropriate question.
28. Please write a dialogue.
29. „Noch" or „schon"?
30. Please complete.
31. Your grammar. Please complete.
32. „Danke" or „bitte"?
33. Which is the correct response?
34. Make up a dialogue from the phrases given below.

Chapter 2

1. Word search
2. „Der", „die" or „das"?
3. Picture dictionary. Please complete.
4. „Er", „sie", „es" or „sie" (plural)? Please complete.
5. „Der" or „ein", „die" or „eine", „das" or „ein", „die" (plural) or „–"?
6. Please describe.
7. Which is the odd one out?
8. What is it?
9. „Wer" or „was"? Please ask.
10. What is not there?
11. Match the following nouns with the articles of the correct genders.
12. Please supply the genders and the plurals.
13. Fill in the numbers.
14. Write in the numbers and read them out loud.
15. „Er", „sie", „es" or „sie" (plural)? Please complete.
16. „Ihr"/„Ihre" or „dein"/„deine"? Please complete.
17. Please complete.
18. Which is the odd one out?
19. Please supply an appropriate answer.

Chapter 3

1. A word game with nouns. Please write as shown in the example.
2. What are these people eating? Please write out sentences.
3. Please write what these people like and don't like.
4. Three answers are correct. Which ones?
5. Put the adverbs in the correct order.
6. Who would like what? Please complete.
7. Which is the odd one out?
8. Order the following words under the correct headings.
9. What goes together?
10. What is wrong here? Please write the correct words.

11. Who says the following? The waiter, the customer or the text?
12. Make up two dialogues from the phrases given below.
13. Please write out in full.
14. „nicht", „kein" oder „ein"? Please complete.
15. What else can you say?
16. Your grammar. Please complete the table below.
17. Please complete.
18. Can you match the following phrases?
19. Make up two dialogues from the phrases given below.
20. Please complete.
21. Which is the correct answer?
22. What goes together?
23. Please write out in full.
24. Write the following sentences in the table below.
25. Hidden below are 38 words from Chapter 3. How many can you find in ten minutes?

Chapter 4

1. Which word fits?
2. What are these people doing?
3. Can you match the sentences given below with the pictures a)–i)?
4. Which is the odd one out?
5. Complete the sentences with the correct verb form.
6. Your grammar. Please complete.
7. Complete the sentences with the correct verb.
8. „Müssen", „dürfen", „können", „möchten". Please complete.
9. Your grammar. Please complete.
10. Can you match the following phrases?
11. Which words fit the verb?
12. Write out in full sentences as shown in the example.
13. „Schon", „noch" or „erst"? Please complete.
14. Which is the odd one out?
15. „Wann?" „Wie lange?" – When? For how long?
16. When do these trains leave?
17. Write conversations as shown in the examples below.
18. Put the following phrases under the correct heading.
19. „Wann?", „wie lange?", „wie spät?", „wie oft?", „wie viel?"/„wie viele?". Please ask.
20. Make up a conversation from the phrases given below.
21. Complete the following sentences.
22. „Da" has two meanings. Which meaning does it have in sentences a–f?
23. „Können" or „müssen". Which one is correct?
24. Which is the odd one out?
25. Complete the sentences: „können" (1), „können" (2) or „dürfen"?
26. What's not quite right here? Compare text and pictures.
    A. Please write out.
    B. Now write the letter as it should be.

Translations of the exercise headings

Chapter 5

1. Please complete.
2. Please write sentences as shown in the example.
3. Which is the odd one out?
4. Please write dialogues as shown in the example.
5. „Welch-", plural (A) or singular (B)? Write dialogues as shown in the examples.
6. Please supply the appropriate indefinite article and indefinite pronoun.
7. Your grammar. Please complete.
8. Please write dialogues as shown in the example.
9. Please supply the correct definite pronoun.
10. Your grammar. Please complete.
11. Make up a conversation from the phrases given below.
12. Compose a similar letter with the vocabulary provided.
13. What goes together?
14. Which is the correct verb?
15. What goes together? Please make sentences.
16. Which is the correct word?
17. Your grammar. Please complete.
18. Which is the correct option?
19. Please read the text on page 63 in the Kursbuch.
    A. Please complete the text.
    B. Write a similar text.
20. What is number…?
21. „Haben" or „machen"? Which is correct?
22. Find or build the appropriate word.
23. „In", „an", „auf" + dative. Please supply the appropriate preposition and article.
24. Which is the correct option?
25. „Können", „möchten", „müssen". Please supply the correct modal verb.
26. What goes together? Please read the text on page 66 in the Kursbuch.
27. Match the words in the box with the descriptions given.
28. Please write a letter.
    A. Hanne is on holiday on the Isle of Rügen. She is not happy. She writes a card to Margaret. Read the card. What does Hanne not like? Please make notes.
    B. Rewrite the letter from a positive point of view.

Chapter 6

1. What is the odd one out?
2. Supply the appropriate possessive article and noun.
3. Supply the definite article and add the plural.
4. Which is the correct verb?
5. What does Herr Kleimeyer have to do? What is he not allowed to do? Please write.
6. „Können", „müssen", „dürfen", „sollen", „wollen", „möchten"?
7. „Müssen" or „sollen"? „Nicht dürfen" or „nicht sollen"?
8. Please form the imperative.

9. What is the opposite?
10. Ilona Zöllner has spent her holidays on the ship „MS Astor". Describe what she did every day.
11. Your grammar. Please complete.
12. Please complete the table. You will find examples in exercise 11.
13. Which of the past participles is the odd one out?
14. Which is the correct word?
15. Please form the imperative.
16. Your grammar. Please complete the table with the imperative.
17. Your grammar. Please complete.
18. Please write a letter.
    You have had a skiing accident. Write about this to a friend.

Chapter 7

1. Which is the correct verb?
2. What did the family do on Sunday? Please write.
3. Your grammar. Please complete. Refer to § 29 in the grammar section of the Kursbuch.
4. The private detective Holler has been watching Mr Arendt and has made some notes.
    a) Please complete his notes.
    b) What has Mr Arendt done? Please write out sentences in full.
5. Your grammar. Please complete. Refer to § 30 in the grammar section of the Kursbuch.
6. Please complete the sentences with the simple past tense of „sein" and „haben".
7. Your grammar. Please complete.
8. Which is the odd one out?
9. Please complete the sentences with the past participle of the appropriate verb.
10. Please write sentences as shown in the examples.
11. Where is…? Please write.
12. „In" + accusative or „in" + dative? Please complete.
13. Which word fits?
14. Complete the sentences with the appropriate personal pronoun.
15. What should Mr Winter do? What does his wife say? Please write.
16. Complete the sentences using the perfect tense of the verbs in the box.
17. What goes together?
18. Put into the right order.
19. „Schon", „noch", „noch nicht", „nicht mehr", „erst"? Which is correct?
20. Which goes where?
    a) What do you write?
    b) What do you say?

Chapter 8

1. Please write sentences as shown in the example.
2. What goes together? You would like to… Where do you go to?